La renaissance de L'Interlope

DU MÊME AUTEUR

Christiania, une Cité libre au cœur du Danemark, Éditions Angalé, Montréal, 2021

FRANÇOIS BELLEMARE

La renaissance de L'Interlope

UN RÉCIT MONTRÉALAIS,
1838-2031

Les Éditions Sémaphore
3962, avenue Henri-Julien
Montréal (Québec) H2W 2K2
Tél. : 514 281-1594
info@editionssemaphore.qc.ca / www.editionssemaphore.qc.ca
EditionsSemaphore editionssemaphore edsemaphore

Nous remercions le Conseil des arts du Canada de l'aide accordée à notre programme de publication.

Direction littéraire : Tania Viens
Graphisme de la couverture : Christine Houde
Révision et correction d'épreuves : Annie Cloutier
Mise en page : Christine Houde
Ilustration : Lucie Marchand

ISBN 978-2-924461-82-2

Dépôt légal : 4e trimestre 2022

© Les Éditions Sémaphore et François Bellemare
Diffusion Dimedia
539, boul. Lebeau, Ville Saint-Laurent (Québec) Canada H4N 1S2
Tél. : 514 336-3941
www.dimedia.com

AVANT-PROPOS

    Rigoureusement authentique, le récit qui suit est en fait une histoire louche : celle d'une dynastie familiale immorale s'abreuvant à la grande naïveté de notre société envers l'indécence. Classique commerce de la chair, comme dans toute grande ville ?

    Détrompez-vous : il s'agit plutôt du détournement de la dimension sociale de la sexualité, sur laquelle le clan Foulanault tisse depuis un siècle et demi un inouï cynisme pour exploiter à son bénéfice la faiblesse humaine. Son manque de scrupules n'a d'égal que le désolant laisser-faire dans lequel, au fil des époques, se complaisent nos autorités publiques : le Bien avance-t-il d'un pas, le Mal le devance aussitôt.

    Avec les éclairantes notes de bas de page de Marc-Fabien Sorelle[1], ce jeune recherchiste venu d'Europe démêler mes éparses fiches documentaires, on verra défiler en arrière-plan notre propre mémoire urbaine. Certains y distingueront en filigrane une allégorie de la longue histoire humaine où, tristement, le Droit semble toujours en retard sur le tordu.

Jules Alfred, chroniqueur

---

1. Avec l'aide ponctuelle de linguistes québécois spécialisés : Tatiana Krouglikova, Lucy Chen, Sly Toussaint, Nicole Petiquay, Dakka Dembélé et Jihad Ajouz.

LE PALAIS BRANLANT

En ce froid mercredi avant-midi de la mi-février 2029, Fatoumata Foulanault marchait sur le trottoir de la *Main* en grillant une cigarette, qu'elle tenait négligemment de la main droite. Elle s'accordait ainsi une pause de cette gestion immobilière qui lui pesait chaque jour un peu plus à mesure que s'enfonçait dans la médiocrité l'immeuble commercial dont, depuis cinq générations, sa famille était propriétaire, sis sur le célèbre boulevard Saint-Laurent, à l'angle de la rue Sainte-Catherine.

Elle gardait la main gauche sur la bandoulière de son sac à main et en tête, un vague espoir qu'avec le tabac consumé parte aussi en fumée la déprime qui l'habitait. Malgré un entretien soutenu, les installations de la Fondation Intermède n'étaient plus occupées au rez-de-chaussée que par un centre de liquidation de mobilier de bureau usagé où, dans l'odeur rance des fauteuils effilochés, un vendeur alcoolique écoulait tant bien que mal son inventaire de classeurs et pupitres modulaires tiré d'un catalogue de 1987. Les autres étages n'étaient loués que de façon sporadique pour des « ventes finales » de chaussures bon marché ou des bazars mensuels suintant la pauvreté.

Même si sa mère présidait encore nominalement le conseil d'administration, la gouverne effective avait abouti entre ses mains à elle, Fatoumata. Elle s'en acquittait d'ailleurs de façon fort compétente : suivi des revenus, planification annuelle, réinvestissement régulier et maintien d'un solide réseau de sous-traitants — quelquefois eux-mêmes descendants des artisans de la construction originelle. Le problème de ce bâtiment patrimonial ne venait pas non plus de son emplacement, au croisement de deux axes historiques : le boulevard qui depuis quatre siècles avait labouré le développement urbain du sud au nord à travers l'île, et la rue commerciale logeant vers le Village tous les lieux de sortie plus ou moins marginaux, longtemps illicites par rapport à leurs époques et donc durablement populaires. Non, ce qui avait finalement asséché le terreau de clientèle de leur institution séculaire était l'inexorable tendance à la normalisation tous azimuts, cette hydre gluante dont l'haleine fétide faisait flétrir toutes les zones de marginalité comme la leur. En d'autres termes, c'est le destin qui avait complètement déclassé leur cadre d'activités.

Fille d'un immigré malien et d'une mère québécoise, née à Laval et éduquée à l'islam tolérant de la tradition ouest-africaine, Fatoumata était probablement l'une des rares personnes au monde à parler le bambara avec l'accent de Laval-des-Rapides. Et à maîtriser parfaitement deux niveaux de français : face à un large groupe, la jolie mulâtre empruntait l'élocution altière des francophones d'Afrique de l'Ouest, mais dans toute autre occasion revenait au parler québécois qu'elle avait attrapé dès la garderie, comme tous les immigrants nés ici.

Sous son grand manteau vert foncé, elle promenait ce jour-là son élégante silhouette dans un ensemble taillé dans l'un de ces splendides tissus-pagne que sa tante établie à Lachine importait du pays natal. Parée à son habitude de bracelets de bois et d'argent, elle en dosait le cliquetis pour moduler sa personnalité réservée et cultivait la distance un peu hautaine de ces femmes dont la grâce fait tourner les têtes, mais qui font semblant de l'ignorer. Visage serti d'une chevelure crépue minutieusement tressée, elle portait au quotidien sa fin-quarantaine avec une désinvolture maîtrisée.

Fatoumata partageait les inclinations éclectiques de son large réseau d'amis, fréquentant les galeries d'art multimédia avec autant d'aise que les stades des équipes sportives de sa ville aux mille clochers. Elle appréciait aussi les soirées de poésie et la lecture des recueils anciens, souvent dédicacés par leurs auteurs et conservés dans la bibliothèque familiale. Mais tous ces plaisirs se fanaient dès qu'ils se butaient aux lourdeurs de sa vie professionnelle, sœur siamoise de la déchéance de l'édifice patrimonial.

Elle était accablée par une situation face à laquelle elle se savait démesurément petite. Relancer une entreprise en difficulté est une tâche colossale, mais encore réaliste. Des centaines de PME ne le faisaient-elles pas chaque année? Néanmoins, inverser le destin d'un quartier, ou plus encore le cours d'une société entière, était hors de ses forces. Ces dernières semaines, son vague à l'âme s'était d'abord transformé en défaitisme, puis en réelle dépression.

Pour tout entrepreneur, l'insuccès économique est un échec personnel. Pour elle, la faillite entrepreneuriale était son second souci. Car la blessure la plus profonde serait creusée par le poids généalogique de cette fermeture, qui pour l'éternité la sacrerait titulaire de ce naufrage. Que laisserait-elle à ses deux fils, et entre autres à son aîné, Valentin, qui déjà lui donnait un coup de main pour la gestion? Cette perspective lui était encore plus douloureuse depuis sa rencontre avec Lysandre l'année précédente.

Fils d'un couple de restaurateurs, ce dernier pratiquait les arts de la table par passion et non par métier, et collectionnait les livres de recettes des quatre horizons culinaires de la planète. Plutôt grand, plutôt mince, plutôt attirant, le volubile professeur d'arts visuels au cégep Maisonneuve avait eu deux filles d'un premier mariage. En quelques clics, les deux profils quadragénaires s'assortirent, tant ils avaient de points complémentaires à connecter dans une nouvelle famille recomposée.

Ils venaient d'emménager avec leurs quatre enfants dans un ancien atelier de bonneterie du Mile-End reconverti en logement. Sous l'impulsion de Lysandre, leur première année d'union fut remplie de plans de voyage et de randonnées familiales. Fatoumata était secrètement envieuse de son nouveau conjoint, lui qui n'avait jamais traîné de boulet comme le sien, lui si enjoué de n'avoir qu'un budget familial mensuel à équilibrer, lui si léger en rentrant du boulot le vendredi, libéré pour quarante-huit heures de toute préoccupation professionnelle. Ah! Il ne se rendait pas vraiment compte du privilège de non-préoccupation dont jouissent les joyeux citoyens sans trop de patrimoine, comme lui, par rapport aux tristes héritiers de familles établies, comme elle…

La mère de Fatou, de plus en plus malade, les avait appelés l'avant-veille, ses frères et elle, les convoquant tous les trois ce mercredi soir pour mettre un point final au combat héroïque mais inégal que leur lignée avait, sur trois siècles différents, étiré jusqu'à la cloche. De trois ans ses cadets, ses frères jumeaux seraient sûrement soulagés que l'agonie immobilière de la famille prenne fin avant le décès de leur mère, par la mise en vente de la propriété commerciale. L'un comptable, l'autre ébéniste, enfin pourraient-ils pleinement vivre leurs vies!

Mais la Foulanault (comme les occupants de leur palais branlant la surnommaient avec un brin de méchanceté) appréhendait cette rupture de façon bien plus tragique, souffrant de ne pouvoir trouver de solutions. Elle se sentait comme un fils d'agriculteur incapable de se résoudre à vendre la terre ancestrale, bien qu'elle ne produise plus que des boisseaux de misère. Fatoumata s'était toujours projetée dans ce rôle de dauphine qui poursuivrait la mission de ce bâtiment auquel elle restait viscéralement attachée, comme l'avaient eux-mêmes brillamment fait les souverains antérieurs de cette micro-principauté. La voilà à contrecœur monarque d'un château de cartes, que sa mère aura soufflé avant de rendre son dernier soupir.

Saurait-elle se refaire une vie normale avec son nouveau partenaire de vie, sans cauchemarder chaque nuit sous les reproches posthumes de quatre générations? Rien n'était moins sûr. Où que vinssent ses yeux se poser, l'horizon était triste comme la mort.

En une extrême lenteur, sa cigarette mélancolique la faisait zigzaguer sur le trottoir verglacé longeant les boutiques de plus en plus délabrées de ce coin de la ville : magasins de broc et de breloques, d'importation bon marché ou de périodiques jaunissants. Visible au travers d'une vitrine mal nettoyée, un détaillant de bibelots poussiéreux et de fleurs artificielles défraîchies était assis derrière sa caisse, fixant un grand écran où passaient en boucle les bulletins de nouvelles. Depuis le trottoir, on pouvait lire les titres au bas de l'image : des reportages, entrevues ou analyses sur *le* sujet de l'heure, la Charte. Partout la Charte, la Charte, la Charte…

Deux pas plus loin, un étalage démodé proposait à une absente clientèle sportive un album de textes et photos, édité cinq ans plus tôt sous un titre enjoué : *Les Canadiens de Montréal, 1994-2019*, avec comme radieux sous-titre : *Un quart de siècle de gloire et de victoires*. Ardente partisane de la Sainte-Flanelle[2], Fatoumata cultivait depuis l'enfance le souvenir de la parade victorieuse en 1993, juste en bas sur la rue Sainte-Catherine, où les fils de la nation exhibaient fièrement la coupe conquise face aux Kings de Los Angeles. Alors adolescente, elle avait assisté au défilé des Glorieux avec ses frères et son grand-père. Cependant, les lauriers flétris de la gloriole bleu-blanc-rouge avaient

---

2. Le Canadien, la Sainte-Flanelle, le Tricolore, le Bleu-blanc-rouge, les Habitants, les Glorieux : la longue liste des surnoms de l'équipe de hockey des Canadiens de Montréal accompagne sa stratosphérique rentabilité financière, en hausse continue depuis le début du siècle : revenu net après salaires de deux cents millions de dollars par an (même exclu des séries éliminatoires) et valeur nette de 1,6 milliard de dollars.

Le club aux bannières victorieuses côtoyant au plafond du Centre Bell les chandails d'anciennes vedettes aux numéros retirés (et qui se détaillent à prix fort en boutique) est reconnu dans le monde pour deux choses : d'abord pour ses vingt-quatre Coupes Stanley, gagnées entre 1916 et 1993 ; et depuis, pour son astucieuse stratégie de marketing, dite de *marchandisation du passé*.

depuis longtemps réduit l'espérance tricolore à l'échelon ratatiné des devantures des parages immédiats.

Tout ce glauque voisinage, qu'elle ne parcourait que le temps de ses pauses-cigarettes quotidiennes, était à l'image de son état intérieur. Au travers des grilles antivols du magasin suivant, la vitre lui renvoya le reflet de son visage déprimé, n'inspirant à la mulâtre vraiment rien de positif : *J'ai vraiment la mine sombre...*

Les soixante secondes que prend normalement, sur le boulevard Saint-Laurent, le trajet entre la rue Sainte-Catherine et le boulevard De Maisonneuve parurent à Fatoumata une éternité. Au croisement des deux axes, le vent glacé la sortit de sa demi-torpeur devant l'édicule du métro Saint-Laurent aux vitres givrées, au travers desquelles une vague silhouette affairée se figea une seconde pour la saluer de la main.

Jetant son mégot, Fatou se décida à y entrer.

LA LIGNE VERTE

Descendante de restaurateurs de Shangaï établis depuis des lustres dans le limitrophe Quartier chinois, Lǜ Xiàn affichait été comme hiver un sourire sympathique. Sa grand-mère avait été la première de la communauté asiatique à transformer la recette québécoise du pâté chinois en un petit succès d'exportation vers la Chine continentale. Elle-même enfant de la Loi 101, Xiàn avait baptisé *La Ligne verte* le petit kiosque de fruits et légumes installé à l'entrée du métro, claironnant sa fierté d'une intégration linguistique réussie en quatre générations à peine.

Elle proposait également biscuits et café chaud, et même les éditions papier des rares quotidiens encore imprimés. Comme chaque 14 février depuis dix ans, elle vendait aussi ce jour-là des bouquets de fleurs. Fatoumata, qui lui achetait à l'occasion des fruits, la connaissait assez pour jaser de temps en temps avec elle.

— Pas très drôle dehors, aujourd'hui, par ce grand froid, commentait la commerçante à ses quelques clients pressés, en multipliant les mots contenant un *r* pour bien souligner qu'elle les prononçait correctement, contrairement à ses parents. Elle en rajouta six bien appuyés : Un grand café noir très corsé pour réchauffer ?

Pour une rare fois, la Foulanault se décida à accepter une dose de pauvre liquide brunâtre dans un piteux verre de polystyrène, qu'elle posa sur le bord d'une baie vitrée de la station. Le temps de regagner quelques degrés de chaleur, et elle retournerait vaquer à quelque dérisoire tâche administrative du triste immeuble familial. En comparaison, ce petit kiosque fruits-fleurs-café lui paraissait presque une formule gagnante : frais fixes minimes, escamotable en un quart d'heure, redéployable ailleurs si jamais l'achalandage faiblissait ici… ou si disparaissait telle ou telle tendance de consommation.

— Vous vendez beaucoup de fleurs pour la Saint-Valentin ? demanda Fatoumata, qui devinait la réponse.

— Bien moins que les autres années… Avec l'histoire de la Charte, plus personne n'ose offrir de fleurs au bureau. Seulement pour la maison.

Sur le coup, Fatou pensa à sa conversation de la veille avec son conjoint, qui s'était dit « ébloui » par l'ornementation du vase que sa plus jeune lui avait décoré dans son cours d'arts plastiques à l'école Ahuntsic, en un cadeau de Saint-Valentin. Une occasion de libérer son amoureux de la corvée d'acheter un bouquet avant de rentrer ce soir ? Face au décor de neige, elle jongla avec l'idée d'en choisir un ici en fin de journée plutôt que chez le fleuriste établi près de leur logement. Elle repoussa cette grave décision d'affaires à l'après-midi.

Au-delà du relent âcre du liquide trop chauffé mêlé aux parfums des lys et des roses, Fatoumata perçut un autre effluve, dégagé derrière elle par le recomptage à la main des exemplaires des journaux que la dynamique négociante de La Ligne verte achevait de dépaqueter. Depuis toujours, cette odeur de papier journal lui plaisait. Elle lui rappelait les samedis de son enfance en compagnie de son grand-père Maurice, fervent abonné du *Savoir*, cet étendard de tant de chapitres du Québec moderne.

Dénonçant les innombrables scandales des filous et des puissants, le journal pourfendait sans fléchir toute tentative *canadian* d'abaisser la nation au niveau d'une vulgaire province comme les autres. Son tirage habituel presque anecdotique — presque une vertu pour ses abonnés — triplait dès qu'une quelconque crise d'identité, dont la nation restait friande, faisait sonner le tocsin de la mobilisation générale.

Depuis plus de cent ans, le vénérable quotidien avait persisté par monts et par vaux, rapportant la lutte contre la conscription des

Canadiens français pendant les deux guerres mondiales, étalant ensuite le scandale du gaz naturel et plus tard celui des commandites[3].

Bercée par ce fugace écho de son enfance, Fatoumata se décida à acheter, une fois n'est pas coutume, l'édition de ce matin de grésil et de frimas. Un numéro spécial du *Savoir*, entièrement dédié à la Charte. Dans son for intérieur, la majorité de la population y restait assurément opposée. Mais le sort qui attendait les téméraires osant publiquement la critiquer (dénonciations anonymes, accusations arbitraires, condamnations sans procès) terrorisait tant les modérés que tous se résignaient à l'approbation complaisante.

Plus jeune, Fatou suivait l'actualité québécoise dans ses thèmes les plus variés : la langue, l'économie, la langue, l'environnement, la langue, la fiscalité, la langue, la culture, la langue… L'imbuvable rectitude médiatique, qui aujourd'hui culminait avec le « débat » sur la Charte, l'avait peu à peu lassée de toute question sociale. Au point de considérer la

---

3. À quarante ans d'intervalle, ces deux dossiers illustrent le risque de laisser un quotidien indépendant hors du contrôle des grands intérêts financiers. En 1958, le calomnieux acharnement journalistique envers le gouvernement de Maurice Duplessis, à la suite de la privatisation de la division « Gaz naturel » d'Hydro-Québec — où une secrète spéculation sur les actions, n'impliquant que huit membres du gouvernement, limita leur bénéfice à 4 000 % —, entacha injustement la longue réputation d'intégrité du parti au pouvoir.

Et à la suite du référendum de 1995 perdu de justesse par les souverainistes, le premier ministre fédéral Jean Chrétien livra la réponse intelligente, cohérente, visionnaire, qui fit honneur aux aspirations du Québec : inonder le paysage de drapeaux canadiens. La diffamation médiatique envers ce *Programme des commandites* et son budget de 332 000 000 $ n'eut d'égal que celle touchant sa gestion par le Parti libéral. Alors qu'au bout du compte, les juges chargés de l'affaire reconnurent les six principales qualités du programme, chacune renforçant durablement la confiance des citoyens envers leurs dirigeants : « trafic d'influence, opacité comptable, ingérence politique, mépris des procédures administratives, gestion corrompue des fonds publics, recyclage des produits de la criminalité ».

lecture du journal égale à la tâche de sortir les poubelles : on le fait chaque semaine, mais au moins on n'y perd que quatre minutes de sa vie.

Le coude appuyé sur le kiosque portatif que Xiàn démontait le soir pour le ranger dans le mini entrepôt attribué par son bail, Fatoumata entreprit nonchalamment de feuilleter les pages tout juste sorties des presses. Dans sa demi-rêverie, elle parcourait du regard, plus qu'elle ne lisait, les proses journalistiques tissant la trame de la publication. Avant de laisser la copie à demi-froissée sur le bord de l'escalier roulant en offrande au passager inconnu, son œil croisa la page éditoriale. Naguère point focal du débat national, elle avait peu à peu perdu de son lectorat. Pas par manque de talent de ses signataires, plutôt par épuisement des occasions de prise de position. En ce siècle de tristesse où tous les médias tenaient un même langage, quel débat public pouvait encore attirer l'intérêt ?

L'éditorial du jour se démarquait pourtant ce jour-là, ravivant soudainement l'attention de l'héritière Foulanault sur les paragraphes de la page B-10. À l'étonnement d'ailleurs de la patronne du kiosque, peu habituée à tant d'appétit intellectuel chez ses clients, qui en profita pour croquer la scène depuis son téléphone : une lettrée francophone sous la modeste enseigne de son étal à elle, Lǚ Xiàn. Qui sait, l'image deviendrait-elle peut-être la figure de proue d'un marketing pétaradant pour La Ligne verte ?

— Merci de me laisser prendre une photo. Vous êtes assez photogénique…

Xiàn se surprit de son audace à lancer un petit compliment à la charmante taciturne. Elle avait souvent remarqué l'élégante Africaine lorsqu'elle sortait du métro. Cette belle princesse café-au-lait était-elle célibataire ? Oserait-elle lui proposer de se voir en un autre contexte ? Ou au contraire, cette journée de Saint-Valentin verrait-elle sa propre origine chinoise devenir une grande muraille autour de son lit ?

Presque soulagée que son interlocutrice n'ait rien entendu, Xiàn n'en rajouta pas. Sa petite gêne était, en quelque sorte, inutile : l'entourage de Fatoumata était bien au fait de son identité de genre un peu transfluide, bien qu'elle-même ne le criât pas sur tous les toits. De toute façon, en cet instant la cliente semblait dans sa bulle, les yeux rivés sur chacune des lignes de l'éditorial du jour.

Dans une envolée rappelant les grandes heures du journalisme, la rédactrice en chef Hélène Nikisalata y livrait un texte cosigné par l'ensemble de l'équipe. Sans puiser au vocabulaire interdit (par exemple, le mot *r.f.r..d.m*), cette native de Parc-Extension appelait néanmoins le gouvernement québécois à adopter sans délai, en phase avec les résolutions des Nations-Unies, la *Loi féministe fondamentale* « réclamée depuis des mois par l'ensemble de la société civile ». Dans le jargon législatif de la Coalition du Progrès installée au gouvernement : la *Charte de la prohibition de la séduction en milieu de travail*.

En écho au mot-clic *#etmaintenantnousnousrespectons*, dont les promotrices se surnommaient elles-mêmes les Nous-Nous, Nikisalata exhortait d'abord les dix-neuf partis politiques enregistrés au Québec à faire consensus pour bannir des lieux de travail (le fameux « neuf à cinq ») tout geste pouvant être interprété, même par un tiers, comme une tentative de séduction d'un homme envers une femme. Plus compliquée d'interprétation, la drague homosexuelle bénéficierait d'un moratoire à durée non-précisée, mentionnait l'éditorial, le temps qu'une réflexion sereine et approfondie puisse se dérouler sur les médias sociaux.

Sur fond de fleurdelysé claquant au vent, l'éditorialiste fusillait ensuite les mauvais arguments qu'elle débusquait : primo, les versions juridiques réclamées par les Premières Nations n'exigeraient la création que de quatre cents ou cinq cents néologismes pour chacune des onze langues autochtones, de l'inuktitut à l'abénaki. Plus costaud était le défi de livrer la version française en écriture inclusive, les grammairiennes qui la maitrisaient se comptant sur les doigts de la main. Mais notre nation, ajoutait la rédactrice, saurait répondre à ce grandiose appel de l'Histoire!

L'argumentaire enchaînait longuement sur le rôle central, exigé par l'appel du Progrès, que devaient remplir les Nous-Nous pour une application immédiate de la Charte. La puissante organisation autonome, entièrement financée par le trésor public, se devait d'avancer sans retenir ses coups.

Absorbée par la lecture du quotidien, la lettrée francophone dévorait les paragraphes. Elle en oublia son café tiède, jusqu'à ce que le regard silencieux de la commerçante la ramène sur terre.

— C'est vrai, j'oubliais de vous payer le journal et le café… Tenez, dit-elle, puisant dans son sac pour en sortir un billet de vingt dollars.

— Désolée, on ne prend plus l'argent comptant, paiement strictement par cartes. C'est dorénavant la loi. Ça ne fait pas vraiment mon affaire! Vous savez, vous avez encore six mois pour déposer vos billets à la banque. Vous ne perdrez rien.

Se rappelant soudainement la récente réglementation, nouvelle entrave de l'État pour étendre son hégémonique contrôle fiscal jusqu'au moindre verre de café, Fatoumata fouilla les quatorze compartiments de son sac à main, en vain.

— J'ai oublié mon porte-cartes au bureau… Je reviens dans cinq minutes vous payer. Vous savez, je travaille juste à côté, pas loin d'ici.

Saisissant cette occasion pour retendre une perche, Xiàn se permit un clin d'œil bridé :

— Je sais, je vous croise des fois lors des ventes de chaussures, juste là, au deuxième étage du trois-neuf-neuf…

Ressortant dans le vent glacial, l'Africaine refit en trottant dans la neige le chemin longeant la vitrine du quart-de-siècle-de-gloire-et-de-victoires, triturée de diverses préoccupations. D'abord par sa maladresse face à cette boutiquière, qui chaque jour devait garder sa barque à flot. Ensuite par la situation très précaire de sa propre trésorerie d'affaires : une fois de plus, la Fondation Intermède était en retard sur les échéances de paiement auprès de la Caisse populaire Villeray, amalgamant une première hypothèque puis une deuxième, trois marges de crédit lourdement chargées et même quelques chèques sur le point de rebondir si les cinq ou six espaces vides dans l'immeuble restaient vacants encore cette semaine. Mais elle songeait surtout à la lecture qu'elle n'avait pu terminer. La Ligne verte allait lui garder le journal au chaud, non ?

De retour devant l'édifice qui faisait autrefois la fierté de sa famille et aujourd'hui sa détresse, Fatou vit que son téléphone affichait un appel entrant : Widmel Jean-Baptiste, le directeur du crédit de la Caisse populaire avec qui depuis longtemps traitait sa famille, et qui depuis trois jours tentait de la contacter.

— Madame Foulanault ? lança le banquier originaire de Port-au-Prince, grand amateur de recettes créoles et de blagues déplacées. Arrête de venir déposer de l'argent chez nous ! On n'a plus de place dans nos coffres… Ha ! Ha ! Ha !

— Je suis avec un client, mentit Fatoumata. Je te rappelle tout à l'heure… et… s'il te plaît, laisse passer les chèques de cette semaine… (*Ajoutant, comme on allume un lampion à l'oratoire Saint-Joseph*) Il y en a un pour la Ville, pour les taxes impayées de l'année dernière.

Elle s'accrochait à l'une des rares aspérités de la glissante falaise où elle tentait de garder pied depuis des mois : autant que le divertissant gérant de la Caisse, elle savait très bien que le non-paiement des taxes irait directement altérer la garantie immobilière que le créancier tenait entre ses mains. Widmel répondit, dans une allusion évidente à l'actualité :

— Bon, je ne te demande pas de venir régler ton découvert bancaire aujourd'hui, surtout pas un jour de Saint-Valentin, dans mon lieu de travail ! Ha ! Ha ! Ha !

Pendant que sa main gauche décoinçait deux bracelets de bois sur son poignet droit, Fatoumata hésita à le relancer. Elle était du genre « pas barrée » devant ce genre d'humour pimenté ; pour une rare fois, consciente que la Caisse enregistrait les appels « à des fins de formation ou d'assurance de qualité », elle préféra se taire pour ne pas mettre son banquier dans l'embarras. Les Nous-Nous Macoutes tendaient peut-être déjà l'oreille.

D'un ton plus formel, Widmel Jean-Baptiste brisa le silence :

— Tu me fais signe au plus tard demain matin, sinon ton dossier passera au département du recouvrement. Je n'ai plus le choix. (*Soudain sérieux*) Tu m'entends ? Demain matin. (*Et un brin énigmatique, entre la mer et l'eau douce*) Tu sais de quoi tu as besoin, pour relancer ton édifice ? Une seule bonne idée, Fatoumata, LA bonne idée. Comprends-tu ? LA bonne idée.

La Foulanault rangea son téléphone dans son sac et dans sa tête, le sursis de vingt-quatre heures qu'elle venait d'obtenir, puis elle entra par le magnifique portail de style néo-roman. Gregory, le vendeur de mobilier usagé répandu dans l'immense agora du rez-de-chaussée, tenait à la main une cannette de bière à moitié vide (ou à moitié pleine, selon son humeur du moment). Se surprenant de l'allure si rapide de sa bailleuse, contraire à son habituelle lenteur, il lança l'une de ses piques désopilantes, teintée de son accent anglophone des quartiers populaires :

— Madame Foulanault, t'as donc l'air ben pressée ! Les toilettes sont au fond à gauche...

L'ignorant, Fatou pressa le pas vers le grand escalier, tout en imaginant le vendeur sur la scène d'un festival d'humour amateur. Quel brillant duo d'humoristes il ferait avec le directeur-crédit de la Caisse populaire!

À peine essoufflée rendue au troisième étage, elle composa le code sur le clavier d'une porte anonyme, puis, au fond de cette salle, ouvrit un placard dissimulant un étroit escalier deux quarts tournant, qui débouchait dans son bureau aux fenêtres illuminées par la neige de la terrasse. Elle retrouva son porte-cartes à l'endroit exact où elle l'avait oublié : sur la cinquième marche de l'échelle meunière menant au tout dernier niveau, qu'elle graviraient le soir même pour y tenir réunion avec sa mère et ses deux frères. Dans l'angle opposé de la pièce, elle ouvrit une grande armoire de métal au fond de laquelle, après avoir fouillé de longues minutes, elle trouva un vieux rouleau de plans tout ficelé.

Mille pensées la bousculaient alors qu'elle entreprit de redescendre. Malgré sa hâte, elle ne pouvait s'empêcher de s'arrêter à chaque étage, balayant l'espace d'une imaginaire reconfiguration. Revenue en bas, elle trouva Gregory occupé à transporter quatre désuets classeurs de mélamine simili-acajou vers le véhicule d'une heureuse acquéreuse, ce qui laissa à Fatoumata le temps de discrètement valider en nombre de pas les dimensions du plancher de marbre, tout en évitant les cannettes vides oubliées ici et là. Déroulant doucement ses feuilles de plans, elle se rassura : les mesures étaient bien celles des dernières rénovations, datant de trente ans. Ce rouleau était le bon.

Levant un regard circulaire vers la fenestration, puis les huit portes intérieures et la mezzanine, son cerveau bouillonnait de tous ces détails qu'elle connaissait pourtant depuis l'enfance, jusqu'à s'arrêter sur la grande fresque du plafond avec sa galerie de personnages entourant les huit ou neuf mots d'une devise assez singulière.

— *Plus très chaud, l'air divin jouera des tours…*, lança dans son dos la voix moqueuse de Gregory, de retour avec quelques billets en main, et donc déjà un pied hors de la légalité fiscale.

— Ça fait plaisir d'entendre que tu admires l'ornementation de la salle, répliqua Fatoumata en remballant ses feuilles.

— J'admire surtout que même tes bonhommes peinturés en haut sont en train d'attraper le rhume, juste à lire ton proverbe! Tu pourrais-tu chauffer un peu plus *l'air divin* de la bâtisse? Aux loyers qu'on paye…

Pas encore la revendication du chauffage! Ramenant ses yeux vers le plafond, Fatou chercha à dévier la conversation :

— Ta cliente est partie avec ses classeurs simili-acajou? Dommage, à la voir de loin, elle semble assez jolie… Tu comptes la revoir?

L'autre soupira un commentaire indiquant qu'entre deux cannettes de bière, même lui, le gros Gregory, suivait de loin l'actualité médiatique :

— Au fait, ton manoir ici, c'est-tu pas notre lieu de travail?

Manifestement, aucun des deux n'avait envie de poursuivre une conversation déprimante sur le sujet public à la mode. Le vendeur de mobilier enfourcha de nouveau son cheval de bataille :

— Au sous-sol, les dames du bazar ont des chaufferettes à vendre. Si t'en plaçais un peu partout, ça l'aiderait à maintenir l'allure de mon mobilier, son côté esthétique…

Décrochant mentalement du monologue qu'enchaînait chaque fois le vendeur sur « l'esthétique du design » de son inventaire, Fatoumata lisait et relisait les trente-six lettres du plafond et leurs sept espaces, la virgule, l'apostrophe et les trois points, dont pourtant elle connaissait depuis longtemps la double signification :

Plus très chaud, l'air divin jouera des tours…

Tout en reculant vers la sortie, elle ouvrit la grande porte, laissant le froid s'engouffrer dans la salle.

Le déclic lui vint-il en respirant l'air unique du boulevard Saint-Laurent, artère de tous les bouleversements de la cité? Ou simplement par hérédité? Quoi qu'il en soit, elle tenait une idée. Et peut-être même, comme disait son banquier, LA bonne idée.

Le temps de descendre jusqu'au trottoir, sa dépression se transformait en détermination. *J'ai assez enduré les moqueries de tous ces débiles ; rira bien qui rira la dernière. Foi de Foulanault, notre bel immeuble renaîtra. Je m'en fais à moi-même le serment.*

Les deux pieds dans la neige glacée, elle faisait doucement cliqueter ses bracelets sous son manteau. Puis le temps d'allumer une nouvelle cigarette, Fatoumata toisa une fois de plus le portail historique surmonté d'un beau vitrail d'époque affichant les chiffres *3-9-9*, l'adresse originelle du bâtiment avant la réforme de numérotation des années 1920, alors renuméroté *1417* boulevard Saint-Laurent. Malgré tout, le surnom *3-9-9* était resté.

Quel euphémisme de dire que l'imposant édifice avait connu des jours meilleurs! Son arrière-arrière-grand-père Octave Foulanault l'avait inauguré le 14 février 1893, comme siège d'une fondation dédiée « aux créations scéniques de la patrie », sans que quiconque saisisse trop la portée de cette mission.

Sa grande enseigne extérieure affichait toujours la curieuse graphie *L'Inter-mède*, avec un sous-titre aussi ambigu, *l'Op-éra théâtral*. Dès l'ouverture au XIXe siècle, cette double appellation satisfaisait tout le monde : feignant de ne point saisir le jeu de mots, les autorités utilisaient l'appellation *Fondation Intermède* pour le courrier administratif, tandis que pour les usagers de ses vastes locaux, elle devint tout de suite *L'Inter-l'Op*. Ou plus simplement, *L'Interlope*.

Octave
ET LA 1ère COUPOLE

LE GARÇON VALENTIN

Né le 14 février 1838 au village de Saint-Valentin, dans la vallée du Richelieu, Octave Trefflé Népomucène Foulanault était le fils d'un instituteur des écoles de syndics, version laïque de l'effort d'éducation publique lancée par le parlement du Bas-Canada et sa majorité du Parti patriote. Largement contrôlé par les habitants, et à ce titre prédécesseur des écoles alternatives d'aujourd'hui, ce modèle original agissait comme multiplicateur des effectifs scolaires, et surtout comme transformateur des mentalités. C'est dire l'esprit avant-gardiste qui régnait au domicile valentin à la naissance de l'enfant, par hasard le jour même de la rédaction de la *Déclaration d'indépendance du Bas-Canada*, éphémèrement proclamée deux semaines plus tard.

Hélas! Les provisoires succès à Saint-Denis ou à Beauharnois de cette rébellion mal armée ne firent pas le poids face aux défaites à Saint-Charles et à Saint-Eustache. L'idéal patriote était-il trop en avance sur son temps? Combinant libération nationale et État républicain, promotion du français et laïcité de l'État, émancipation des Juifs et égalité des Indiens, autant que responsabilité ministérielle et équité fiscale, éducation publique et liberté de la presse, ses partisans ont-ils fait l'erreur de tout afficher au grand jour? N'auraient-ils pas à terme été victorieux en jouant de patience, sans tomber dans le piège de la provocation?

N'eut-il pas été plus rusé de ménager la chèvre et le chou encore une décennie ou deux, jusqu'à ce que l'ancien régime arrive de lui-même à sa date de péremption? Peut-être. Mais pour les habitants qui survécurent aux répressions des *habits rouges* suivant la défaite patriote, il fallut réapprendre à vivre subrepticement, sans proclamer trop fort sa différence.

Sous un discours tout en demi-teintes, les enfants de l'espoir brisé grandirent dans les jeux de rôle d'une nation devant taire son identité.

Intrépides coureurs des bois depuis trois siècles, les habitants apprirent à ranger leurs avirons pour rester de longues heures à genoux, en de répétitives célébrations dans l'église du village. Quant aux habitantes, jadis habituées à pouvoir contracter librement au fond des bois des unions *à la mode du pays* avec des amants algonquiens ou iroquoïens, elles durent se résigner à christianiser leur destin. En d'autres mots : supporter les visites annuelles du curé qui venait se rassurer qu'elles n'espaçaient pas trop leurs grossesses.

Les ambitions des Patriotes, militants d'avant-garde entrés en scène un demi-siècle trop tôt, avaient pourtant envoyé une onde de choc bien au-delà des frontières. Au point que leur chef Louis-Joseph Papineau, resté digne malgré l'écrasement dans le sang de son mouvement, fut invité à rencontrer à Saint-Jean-sur-Richelieu un envoyé venu de très loin. Déjà éveillé à l'âge de neuf ans par les lectures de la bibliothèque familiale, l'enfant Foulanault y accompagna son père, cet inébranlable défenseur de l'école publique, pour le tête-à-tête du chef patriote avec l'envoyé sud-américain.

Homme politique de la province argentine de San Juan, Domingo Faustino Sarmiento avait entrepris un immense périple de trois ans pour s'enquérir des systèmes d'éducation de différents pays. De façon anecdotique, Papineau et lui s'amusèrent de la coïncidence sémantique entre Saint-Jean et San Juan.

Dans un registre plus sérieux, malgré leur écrasement par l'armée britannique, les écoles de syndics, dont le père Foulanault avait été acteur, intéressaient grandement le futur président de la république argentine, qui, après une séance de quatre heures, nota dans son journal :

Hoi tome un vapor para atravesar el San Lorenzo, con asiento en el ferrocarril de La Pradera. Llevóme a San Juan sobre el Richelieu, de donde me diriji a una reunión con Papineau, una figura de misma importancia que la de San Martín, nuestro gran Libertador (con quien recién estuve en Europa). I por el tema jeneral de la escuela pública, mui interesante fue la intelijente esplicación de Foulanault sobre el rol de los habitantes en la orientación de la escuela[4].

Impressionné par la hauteur des échanges, le petit Octave garda toute sa vie l'image de son père encadré par les deux délégués : l'un d'une république bien réelle qui parle à voix haute, l'autre d'un pays embryonnaire jamais venu au monde.

Le pouvoir militaire pactisa avec le clergé : à nous le contrôle des armes et des édits, à vous celui des âmes et des esprits. La communauté agricole de Saint-Valentin, comme la nation tout entière, entrait dans un long Moyen Âge devant durer douze décennies. Le jeune valentin se réfugia dans la lecture de romans de cape et d'épée, de flibustiers et de faux-sauniers. Au fil de la narration, le premier lecteur devait séparer les pages de ces livres imprimés en format *in-octavo* (format dans lequel le garçon se reconnaissait nominalement) au coupe-papier. Il empruntait souvent celui de son père :

— Me prêteriez-vous aussi une plume et de l'encre ?
— Et pourquoi donc veux-tu la plume ?

---

4. « J'ai traversé aujourd'hui le Saint-Laurent sur un bateau à vapeur, avec une place pour le train de La Prairie. Ce qui m'amena à Saint-Jean sur le Richelieu, d'où je me dirigeai à une rencontre avec Papineau, une figure de même importance que celle de San Martín, notre grand Libérateur (avec qui j'étais récemment en Europe). Et sur le sujet général de l'école publique, fort intéressante fut l'intelligente explication de Foulanault sur le rôle des habitants dans l'orientation de l'école. »

— Pour écrire quelque chose… Mais tout à l'heure, je vous rendrai le tout.

Seul dans sa chambre, le jeune rêveur avait ainsi le temps d'anticiper la suite du récit en jouant, à toutes les seize pages, de l'outil paternel comme un violoniste de son archet : quatre coupes horizontales ou verticales, chaque fois laissant choir une fine traînée de poussière de papier, dont le doux arôme empreignait la pièce. Son ouvrage préféré, *La Vigie*, relatait les péripéties de l'équipage d'un petit navire du commerce interlope, ce nécessaire contournement des monopoles maritimes par les fournisseurs de biens essentiels dont manquaient les communautés isolées.

Rencontres de pirates cruels ou d'indigènes indigents, d'ouragans déchaînés ou de monstres marins, chaque aventure des valeureux matelots semblait se diriger vers l'engloutissement final dans l'une des Sept Mers du globe. Et au dernier moment de chaque épisode, à l'heure où tout semblait perdu, un nouveau moussaillon bravait les tornades enragées et montait jusqu'au haut du grand mât. Depuis le poste d'observation que les gens de marine appellent la vigie, il lançait de sa voix juvénile le cri que ses équipiers n'espéraient plus : « Terre à bâbord ! »

Plus tard, collègue de Louis Fréchette au Séminaire de Nicolet, le jeune Foulanault apprit aux côtés du futur poète national à habiller des vers les plus innocents les discours politiques les plus engagés. Passionnés de théâtre, ils montaient des pièces à double fond : critiques du Canada-Uni déguisées en fables animales, ou marivaudages amoureux enrubannés d'éloges liturgiques, pour lesquels défilait sur la scène du Séminaire toute une troupe estudiantine au répertoire espiègle. À plus d'une reprise les curés voulurent mettre fin à ces saynètes, un peu trop légères à leur goût.

Trois fois menacé de renvoi, Octave n'y échappa que par l'habileté de son père à souligner les mérites académiques du jeune homme.

Citoyen d'une époque qu'il n'appréciait qu'à moitié, celui que les filles appelaient entre elles « le garçon valentin » méritait son surnom dans les limites que tolérait une société de moins en moins permissive, où chaque sortie de ce carême permanent se faisait à pas feutrés, et en effaçant une à une toute trace révélatrice. Ainsi grandit l'adolescent, apprenant les ruses requises à Nicolet, le dimanche après la messe, pour rencontrer les belles qui s'attardaient sous la chênaie bordant la rivière. Impressionnant de verve, son érudit compagnon charmait une demoiselle par les sonnets des grands auteurs, qu'il énonçait de sa voix de miel, tandis que le fils d'instituteur gardait un œil à travers le boisé, prêt à aviser les folâtres si se profilait l'ombre d'une soutane. Leur code d'alerte était simple : le guetteur entonnait-il un *Ave Maria* à pleine poitrine, la vierge reboutonnait prestement son corsage.

En d'autres saisons, les deux compères permutaient les rôles, comme les jours de marché à Sorel ou à Saint-Ours que bien des cultivateurs fréquentaient avec leurs filles, laissant les garçons aux labeurs des champs. Moustache fine et col ouvert, regard de braise et torse à l'avenant, Octave offrait à une jeune paysanne de parcourir avec lui les étals disséminés entre les ballots de foin pendant que son père fermier était distrait par un interminable discours improvisé en alexandrins par le complice.

Cette manière de lire les règles entre les lignes plutôt que les interpréter à la lettre était courante chez les Gens de la Vallée, comme se désignaient les habitants du Richelieu. Se targuant de modernisme en cette époque des voitures à chevaux, la région opérait déjà un premier chemin de fer, du moins jusqu'à la Laprairie. C'est d'ailleurs lors d'une escapade en train qu'Octave rencontra Angelica O'Sullivan, fille de commerçants en textiles de Saint-Lambert. Le lancement des travaux du pont Victoria bouleversait la vie de cette paisible bourgade sur le fleuve. Son rôle annoncé de première station du commerce ferroviaire vers les États-Unis attirait l'établissement de familles aisées. Saint-Lambert devint rapidement très prospère, donc très anglophone, lorsque vint s'installer la famille O'Sullivan, très irlandaise, donc très catholique. Mais la rieuse Angelica, toute en courbes assez enrobées, avait le tour de prendre ses distances avec le rigorisme celte. Elle avait aussi l'habitude des veillées musicales arrosées où, accompagnée au violon par son frère, elle chantait d'anciennes ballades *from Ole Éire*, dont les couplets changeaient de version à mesure que se vidaient les cruchons ; ou finissait même dans les hautes herbes du jardin, à fredonner d'autres complaintes. Comme le disait joliment l'expression, Angelica était une fille qui connaissait la musique.

L'œil vif, elle ne s'embarrassait guère de la gêne des jeunes Richeloises, ce lainage que les garçons de la Vallée devaient chaque fois détricoter pour enfiler l'aiguille. De cinq ans plus âgée, c'est elle qui engagea Octave dans une conversation habilement couverte par le bienvenu tacatac-tacatac du bruit des rails. Les deux ne laissaient compréhensibles aux autres voyageurs que d'imprécises locutions adverbiales, dissimulant verbes et substantifs sous les percussions ferroviaires. D'habitude ennuyé par les trajets sur chemin de fer, Octave se laissa envoûter par les acrobaties syntaxiques de sa vis-à-vis, qui se levait de temps en temps vers son bagage, innocemment. Ainsi roulèrent-ils le long des boisés, elle tanguant élégamment vers le fond du wagon, lui suivant le déhanchement de son arrière-train.

Toute une année passa à cuisiner ensemble des menus d'avenir, mijotés au feu doux des escapades dans les champs, lors desquelles le garçon bénéficiait des recettes d'une amoureuse d'expérience. Dans sa maîtrise de la langue française, Angelica trouvait séduisante notre obsession d'en sexualiser chaque terme : « Depuis LE peuple, jusqu'à LA nation ! » lançait-elle en taquinant les envolées lyriques de son amoureux. Et à voix basse, se rapprochant de lui : « Puis LA bouche, qui attend LE baiser... »

Nourrie par son clan à l'hostilité envers le pouvoir britannique, elle admirait la résilience de sa future belle-famille face à la situation politique antagoniste entre leurs deux langues, dont les deux passionnés firent le fertilisant de leur potager : lui, récitant pour sa muse des vers angéliques ; et elle, les lui chantant ensuite à l'octave. Reliait maintenant Montréal à sa rive sud le nouveau pont, inauguré en 1860 par le Prince de Galles et le maire C. S. Rodier. Bientôt fiancés, nos tourtereaux le traversaient en train une fois par mois, attirés par le vibrant centre-ville d'une métropole en pleine expansion, où ils s'installèrent une fois mariés, aux abords des Écoles de médecine et de Droit, futures facultés de l'Université Laval à Montréal.

La révolution industrielle qui transforma nos villes et villages, créant de nouveaux besoins, inspira le couple à ouvrir le Carrefour du Bel Ouvrage, près de la Place d'Armes. Dans ce commerce de fournitures artistiques fréquenté par divers portraitistes de renom, artisanes des deux rives du fleuve ainsi que maîtres et étudiants du monde des Beaux-Arts, Angelica s'occupait de la caisse et des fournisseurs, et Octave de recevoir la clientèle et de conclure les ventes. Le duo avait eu la bonne idée de cibler comme créneau d'affaires une couche sociale nouvelle, celle des arts et lettres, assoiffée de nouveautés artistiques autant que de belles rencontres. La prospérité du magasin s'édifia durablement à mesure que naissaient les sept enfants de ses fondateurs. Toute la vie familiale baignait dans les visites de marbriers et de couturières, d'ingénieurs et de dames patronnesses. Les enfants voyaient débarquer le jour (et quelquefois la nuit, obligé par les rigueurs de l'hiver) tout un monde bigarré, produit par ce XIXe siècle en mutation accélérée tandis qu'il arrivait à sa fin. Les visiteurs échangeaient pendant des heures avec leurs hôtes sur les dernières tendances venues d'outre-mer, ou sur les récentes trouvailles des créateurs locaux.

On devine que les unions comme la leur n'enchantaient pas les évêques, dont le credo en appelait à la « revanche des berceaux » pour mobiliser les enfants de la patrie comme armes de procréation massive (sous-entendu : marions-nous entre nous); alors qu'entre les Patriotes les plus hardis et les Loyalistes les plus opiniâtres, la fermeté d'opinion politique n'empêchait point les échanges intimes lorsque l'occasion s'y prêtait. Même pendant les pires phases de tension, comme à l'automne 1885, suivant la condamnation de Louis Riel, le chef des Métis francophones ayant mené dans les Prairies deux rébellions contre les intérêts anglais[5].

Octave dénonça sans réserve le simulacre de procès et sa tragique conclusion, qui empoisonna durablement les relations avec « ceux d'en face », de l'autre côté du chemin Saint-Laurent. Ce long pli séparait, comme les pages opposées d'un grand journal de débats, les lecteurs du quotidien *The Gazette* de ceux du tout nouveau journal *La Presse*. Mais au fil des mois, il se rendit compte de l'avantage à tirer de l'animosité permanente entre les deux camps. Car pour ses multiples amis comme pour les innombrables copines d'Angelica, le Bel Ouvrage était déjà le subterfuge idéal, sous le prétexte d'un pinceau manquant ou d'une toile à remplacer, pour coudoyer les solitaires de l'autre tribu.

Autant le lancement du magasin avait mobilisé les époux, autant sa réussite commerciale les ennuyait. Causant marmaille et parlant boutique le soir dans les allées du Champ-de-Mars où l'on croisait les hommes coquets qui s'y donnaient rendez-vous, le couple songeait déjà à un défi d'une autre ampleur. Le destin leur porta un dur coup avec l'accouchement du huitième bébé, mort-né. Des mois, la famille vécut cet effroyable chagrin : Octave s'en remit plus ou moins, pendant

---

5. Le jury qui condamna pour trahison le fondateur du Manitoba suggérait néanmoins l'indulgence envers ce héros canadien-français. Inondé de lettres en français appelant sa clémence, le premier ministre fédéral John Macdonald livra la réplique apaisante, magnanime, conciliatrice, qui scella pour des années le rapprochement des deux peuples fondateurs : « Riel sera pendu, même si tous les chiens du Québec aboient en sa faveur ».

qu'Angelica sombrait dans une longue maladie mal diagnostiquée la gardant alitée. Au moins, les plus vieux des enfants partageaient avec leur père la tenue de la boutique. Quelques années passèrent sans qu'Octave y trouve encore plaisir ; il voulait passer à autre chose. À la Banque Jacques-Cartier, où le couple mentionnait un possible nouveau plan d'affaires, le directeur Alphonse Desjardins lui fit un jour ce commentaire :

— Pour une opération rentable, tu as besoin au départ d'un peu de capital, oui. Mais avant tout, d'une bonne idée.

Engrangeant le conseil, Foulanault acquit plusieurs lots sur le bas de l'ancien chemin Saint-Laurent, devenu la rue du même nom, et convainquit son épouse de vendre leur magasin pour investir dans un nouveau projet. De son vaste réseau, il puisa les talents requis : architectes et charpentiers, mais aussi banquiers et avocats. Si ce nouveau projet se nourrissait de la plus large folie, il s'abreuverait à la plus grande rigueur.

L'AGORA DES HUIT COULEURS

Dès le début des travaux en 1890, la profondeur de l'excavation impressionna les passants du Faubourg Saint-Laurent : au lieu d'une simple « cave de plombier », le promoteur affaira les maçons à la coulée d'un sous-sol pleine hauteur, couronné de soupiraux semi-opaques. Durant toute l'érection du gros œuvre, l'aménagement d'autant d'escaliers (dont l'un menait directement du rez-de-chaussée au troisième étage, et un autre du deuxième au sous-sol) intriguait les curieux, mais pas autant que le budget probablement fort confortable que devait commander cet ouvrage imposant.

Le propriétaire déclaré, la Fondation Intermède, bénéficiait sûrement de relais financiers solides, dont l'arborescence exacte, échappant aux supputations des badauds, devait suivre autant de volutes que le plan architectural. Sans parler de la singulière enseigne qui s'y accrocha à la fin : *L'Inter-mède, l'Op-éra théâtral*. Pourquoi diable ces traits d'union ?

Inspiré du style néo-roman alors en vogue, la construction occupait l'angle sud-ouest du pâté de maisons, au croisement de la rue Sainte-Catherine et de la rue Saint-Laurent, ce grand axe nord-sud qui divise (ou réunit, selon le point de vue) les deux moitiés de la ville. Et comme toute architecture institutionnelle, elle comportait en façade un large portail donnant sur la grande Agora des huit couleurs, au plancher de marbre de Saint-Armand, tiré de la campagne voisine de Saint-Valentin, dont les tons de gris veiné de crème reflétaient la lumière vers la fresque du plafond.

Cette enceinte tenait son nom des imposantes portes intérieures qui la ceinturaient, chacune fabriquée d'un bois particulier, venu de huit comtés distincts de la province. Jalonnant un mur courbe du nord au sud, ces battants suivaient un ordre alphabétique : bouleau jaune, chêne blanc, épinette noire et érable argenté, puis frêne vert, orme rouge, pin gris et sapin bleu. Au-dessus de ces vantaux menant on ne sait trop où, huit impostes aux décorations élusives : ce bas-relief affichait-il un diable et une naïade en une danse joyeuse ou dans une fatale poursuite ; ce vitrail présentait-il deux guerriers au combat corps-à-corps ou dans quelque lascive étreinte ?

Et sous les plafonds décalés de l'Agora s'accrochèrent d'élégantes moulures de style Haute-Mauricie, taillées dans le bois de tremble par trois artisans attikamègues venus des réserves indiennes[6] de Weymontachingue, Manouane et Obedjiwan.

Épaulaient le portail principal deux accès publics secondaires, l'un et l'autre œuvres d'artisans reconnus. Bordé d'entrelacs de roses et de chardons (taillés dans le granit par le sculpteur écossais Robert Reid, dont l'atelier était logé à distance de marche), le très victorien Porche de la Couronne, toujours sur le boulevard mais un peu au nord du grand portail, faisait face à la montagne. Il débouchait sur une salle de restauration lambrissée de cèdre, offrant des repas rapides, chose rare pour l'époque.

Sur la rue transversale que la population nommait déjà *la Catherine*, s'ouvrait au côté sud du rectangle l'Arcade des Patriotes, flanquée de bronzes de Louis-Philippe Hébert illustrant des héros nationaux, et donnant sur une galerie aux parois d'érable piqué. Vers la ruelle se présentaient aux fournisseurs trois portes de service, sobres assemblages de bois blanc, respectivement de saule, de peuplier et de tilleul.

Le gris clair de la pierre de Montréal, extraite des carrières du cœur de l'île, se combinait sur le revêtement extérieur avec des agencements

---

6. Ces superficies immenses (0,28 % du territoire canadien) constituent le cadre foncier de l'éventail de privilèges généreusement accordés aux peuples autochtones : les doter enfin d'une identité culturelle (1857, *Loi pour la civilisation graduelle*), les libérer du nomadisme (1885, *directive sur les vagabonds*), et surtout mandater l'État fédéral pour « aider l'homme rouge à sortir de sa condition » (1876, *Loi sur les Sauvages*).

de briques de Laprairie, aux teintes ocre et saumon. En hauteur, deux autres niveaux s'ajoutaient, emboîtements de salles de répétition et de costumiers, d'ateliers de décors et de salles de repos. Dans la phase finale d'édification, en passant continuellement de mezzanines amplement fenestrées à des antichambres baignant dans une semi-pénombre, bien des ferronniers y oublièrent leurs ergots, bien des doreuses y perdirent leurs grains d'orge, bien des plâtriers y abandonnèrent leurs taloches…

Le toit portait en son pourtour une balustrade toute en fioritures de fer forgé, masquant aux observateurs de la rue une grande terrasse portant en son centre une structure supplémentaire. En retrait de vingt pieds des bordures, ce pavillon de deux paliers à la vue imprenable à la fois sur le fleuve et la montagne restait même inconnu des visiteurs de l'édifice. Au travers de l'Alcôve de la Lune, on y accédait par un escalier deux quarts tournant grimpant jusqu'au centre du pavillon, lequel hébergeait les bureaux administratifs. Dans l'un d'eux, une échelle meunière montait encore jusqu'au dôme central, dont le parement intérieur, latté de cerisier d'automne, rendait une parfaite insonorité. Les rarissimes initiés à cet horizon incongru le désignaient entre eux simplement, et toujours sur un ton confidentiel, *La Coupole*.

Octave Foulanault supervisa chaque étape de son projet, de l'excavation à l'huisserie, de la parqueterie à la mouluration. Le chantier avança si bien qu'en trois ans il arriva à son terme. Peu avant la Noël 1892, la plupart des artisans avaient terminé leurs mandats et se réunirent pour applaudir le décoratif au-dessus du portail. Commandé à l'atelier de John Spence & Sons, à cinq minutes du chantier, sur la rue des Jurés, le splendide vitrail innovait avec un style d'un art nouveau, presque végétal dans ses motifs illuminant les trois chiffres de la nouvelle adresse : *399*.

Le donneur d'ouvrage salua les maçons, fit ses adieux aux marbriers, chargea les doreuses d'embrasser leurs époux. Aux trois sculpteurs attikamègues, il souhaita de bien profiter du retour auprès de leurs enfants, avec qui ils célèbreraient bientôt suivant leurs propres rites[7]. Les trois remercièrent en silence, puis repartirent vers la Haute-Mauricie.

Pendant les longues semaines d'hiver où les peintres travaillaient enfin seuls, officiellement pour leur éviter la poussiéreuse présence des autres corps de métier, Octave s'occupa de vernir l'intérieur du petit pavillon administratif au sommet de l'ensemble. Descendant de l'échelle meunière après un dernier coup de pinceau sur les planches de cerisier, il édicta un mandat au Destin :

— Voici ouverte l'Ère de la Première Coupole…

Puis dans un cahier, il dressa la liste des invités au baptême des lieux. À gauche, ses propres contacts, aréopage des patronymes de la Nouvelle-France ; et du côté droit, ceux de sa chère Angelica, annuaire des communautés anglaise, galloise, écossaise et irlandaise. De part et d'autre étaient identifiables plusieurs protagonistes connus des querelles publiques permanentes qu'entretenaient les deux camps linguistiques, dont beaucoup de noms tirés du registre de clientèle de l'ancien Carrefour du Bel Ouvrage. En d'autres mots, des gens habiles à jouer deux personnages distincts : l'un en public, l'autre en privé.

À l'inauguration lors de la Saint-Valentin du 14 février 1893, la capacité totale de L'Inter-L'Op, comme on le surnommait déjà, ne dépassait pas trois ou quatre centaines de participants, bien que

---

7. La prévenante *Loi sur les Sauvages* protégeait ces derniers contre eux-mêmes : un mois de prison pour porter des habits traditionnels ou assister à un rituel de danse. Et les délivrait des tracas juridiques inutiles : interdiction d'en appeler d'un jugement, d'engager un avocat, de léguer ses biens et de voter. Le *Ministère des Affaires indiennes* ne les expulsait des réserves que lors des infractions les plus graves : obtention d'un diplôme universitaire ou, pour les femmes, mariage hors de la tribu — leurs enfants devenant alors des *Blancs*.

Mais le plus bel outil de valorisation reste l'éducation dans les pensionnats autochtones, dès l'âge où un enfant n'a plus besoin de ses parents (cinq ans). Ce bienveillant système établi en 1883 suivait une cordiale directive pédagogique du même gouvernement de Sir John A. Macdonald : « Tuer l'Indien au cœur de l'enfant ».

la rumeur publique mentionnât le lendemain l'impossible chiffre de deux milliers de festifs. Quoique personne en ville n'avouât y avoir été présent, chacun avançait une observation sur l'asymétrie des accès, l'éparpillement des salles ou le décalé des étages. Néanmoins, sur le programme des activités, on restait évasif : cours de dessin ou séances de poésie, salles de répétitions de théâtre ou de réunions pour clubs sportifs… Dans une ville comptant déjà plusieurs organismes de ce genre qui couvraient à peine leurs frais, pourquoi donc en ouvrir un autre, puis en espérer la rentabilité ? À la Banque Jacques-Cartier, dont bien des clients se doutaient qu'elle était mêlée au financement, le secret professionnel ordonnait le plus parfait mutisme sur LA bonne idée qui aurait convaincu les banquiers.

Ce qui revenait le plus dans les commentaires était la fameuse Agora des huit couleurs, au plafond orné d'un étrange tableau. Évocation aux vents des quatre saisons soufflés par le Créateur, l'œuvre était de François-Édouard Meloche, l'artiste-peintre de la chapelle de Notre-Dame-de-Bon-Secours. Vénus et cupidons, nymphes et satyres, ces personnages entrelacés gambadaient sur un ruban sans fin affichant une phrase mystérieuse : *Plus très chaud, l'air divin jouera des tours…* que le promoteur n'explicitait que par une abstraite inspiration poétique :

— Les lyriques tracent des chemins que plus tard iront parcourir les sceptiques.

Enregistrée au greffe public, la mission officielle de la Fondation Intermède la déclarait « dédiée aux créations scéniques de la patrie ». Ses règlements généraux restaient dans le ton des instituts culturels de l'époque : éducation aux arts et encouragement aux lettres, appui à la jeunesse et soutien à l'enseignement, bref toute une pléthore de vertus un peu floues aux énoncés tout à fait nobles.

Dévoilons la vérité : cet écheveau architectural dissimulait un dédale d'aires de rencontres pour les amours hors-normes entre célibataires des deux solitudes linguistiques de la Confédération, catholiques francophones et protestants anglophones. Vivre leurs passions au grand jour les exposait à l'opprobre des bien-pensants. Pour leur permettre de « se fréquenter », Foulanault avait prévu au calendrier pour chacune des deux races des activités distinctes. Enfin, supposément distinctes.

Les *Agapes de mi-semaine* attiraient la clientèle anglaise du Golden Square Mile, ce cossu quartier résidentiel situé à flanc de montagne. Jeunes sportifs des deux sexes, visages à demi-dissimulés sous de bouffantes écharpes importées d'Angleterre, étaient accueillis au Porche de la Couronne par un majordome en livrée très *british* qui les dirigeait vers la salle à manger. Pour eux, la Fondation, que désormais on ne désignait plus que comme L'Interlope, offrait au-dessus de cette salle trois ou quatre Vestiaires d'amateurs, permettant aux sportifs de se changer entre la joute et la soirée. Plusieurs étaient des adeptes du hockey dont les formations de sept joueurs se disputaient un récent trophée, le Dominion Hockey Challenge Cup, offert par le représentant de la Reine Victoria au Canada, Lord Stanley.

Ce dernier y finança, deux ans après l'ouverture des lieux, le banquet de victoire des champions de l'année, les bien nommés Victorias de Montréal; la ville voyait pour la troisième fois de suite l'une de ses équipes sacrée championne! Lord Stanley s'amusa de voir les joueurs festoyer toute la nuit chez Monsieur Octave. Se doutait-il qu'ensuite, pendant des années, sa propre fille Isobel, venue d'Ottawa les soirs de tournois féminins, y terminerait la soirée avec ses frères et ses amies ?

À ces repères anglo-saxons existait un contrepoids. Côté sud, l'Arcade des Patriotes recevait les participants aux *Rimes du mercredi*, qu'enflammaient les vers déclamés par les poètes des quartiers de l'est. Dans le brouhaha des artistes d'un soir interrompus par les applaudissements ou les annonces d'évènements à venir, tous ne remarquaient pas l'escalier en colimaçon que masquait le rideau d'arrière-scène. Il menait discrètement aux Loges de Poésie, série d'alcôves à petites fenêtres surplombant la ruelle, que desservait un corridor rejoignant les Vestiaires d'amateurs du côté nord. Malgré ce charabia d'appellations pompeuses, masquant elles-mêmes toute une courtepointe de cryptes cachées, les fins finauds avaient vite compris pourquoi les *Agapes* et les *Rimes* tombaient le même soir de la semaine.

Montant les escaliers nord et sud depuis les communautés linguistiques du Porche et de l'Arcade, se retrouvaient dans les alcôves, en toute intimité et pour un tarif horaire abordable, ceux et celles dont les familles devaient ignorer la liaison, et que le personnel de la maison appelait sobrement les Amoureux des deux langues.

Chez les familles de la rue Saint-Dominique riveraines de la même ruelle que L'Interlope, cette petite voie de service était surnommée l'Allée des suppliciées, dont le voisinage distinguait clairement les deux accents parmi les râles fendant la nuit.

UNE COMPTABILITÉ I-NAT-TA-QUA-BLE

À tous ces gens que la préférence amoureuse plaçait en marge d'une société entrant dans le modernisme sans actualiser ses valeurs, le fondateur du 399 dédiait la jouissance d'activités « culturelles » qui, on le voit, s'avéraient bien plus un prétexte qu'une finalité. Tant que ces batifolages se confinaient au privé, les bonnes gens feignaient l'ignorance ; en d'autres mots, de l'extérieur, on savait sans savoir…

Depuis les débuts de l'Humanité, des fleurs sauvages ont toujours poussé au travers des pavés ; les plaisirs de la double vie ont toujours trouvé leur place ; l'érotisme d'antan carburait déjà au puissant octane des nuances de gris. Là où Octave innovait avec le plus parfait cynisme, c'était en réussissant par son art du camouflage l'alliage d'une programmation-paravent avec un bassin suffisant d'adhérents, bref en créant le partenariat entre les désirs amoureux et la prospérité d'entreprise. De plus, il ressentait un malin plaisir à monnayer l'hypocrisie de tout un chœur social psalmodiant au grand jour des hymnes à la rigueur puritaine, mais entonnant sous la lune des refrains de chansons paillardes.

La morale fustigeait-elle une personnalité publique un peu trop excentrique, aussitôt L'Interlope la recevait en ses murs. Un temps fort en sa quatrième année d'existence fut la réception en l'honneur de la grande comédienne Sarah Bernhardt dans l'Agora des huit couleurs. Adulée du public de théâtre autant que honnie du haut-clergé, l'immense interprète au jeu de corps décrié par les prudes et applaudi par les autres y prononça un court discours qui, pour les décennies à venir, résonna sur les murs :

— En ce palace des mille et une nuits, je me sens comme chez moi…[8]

La mission louche des lieux, devinait-on, égalait en audace ses propres excès parisiens, elle la grande mondaine collectionneuse d'amants. Face au troupeau d'admirateurs entourant la Divine, Fréchette livra le dithyrambe sirupeux commandé par son frère d'armes de toujours.

Devenue grand-mère et de plus en plus malade, Angelica passait de doux moments avec sa descendance, à jouer aux mots. Aux plus vieux de ses petits-enfants, elle faisait deviner l'anagramme orthographique de *la crise économique*. Se consultant pour modifier l'ordre des dix-sept lettres, ils revenaient triomphants, en criant : « Le scénario comique ! »

Et pour les plus jeunes, que serait l'anagramme phonétique de *quels champs de coton* ? Les petits rusés, faisant sautiller mentalement les onze phonèmes de la question, répliquaient à leur grand-mère alitée : « Quel temps de cochon ! »

L'institution était ouverte depuis six ans lorsque cette trâlée de jongleurs de mots accourut en larmes devant leur grand-père : « Grand-Maman… ». La maladie avait finalement eu raison d'Angelica. Précédée

---

8. L'engouement des évêques catholiques pour cette célèbre actrice française d'origine juive se confirmera lors de chacune de ses visites ici. En 1905 par exemple, à la veille de son historique interprétation de *La Dame aux camélias* à l'Auditorium de Québec, l'archevêque de Montréal Paul Bruchési fait ses recommandations à ceux qui projettent d'y assister : « Nous supplions nos pieuses familles de s'abstenir de ce qu'elles sauront être comme une occasion de faute. » Après deux soirées à guichets fermés, la troupe s'apprêtait à quitter en train la capitale lorsqu'elle fut accueillie à la gare par de fervents admirateurs catholiques portant une banderole d'adieu qui, en quatre mots, immortalisa l'esprit d'ouverture de l'épiscopat québécois : « À bas la juive ! »

par de grandes croix celtiques, la procession funéraire sortant de la basilique Saint-Patrick regroupa en une même tristesse les deux familles, et tous les Amoureux des deux langues. Portant le deuil comme le Christ sa croix, le veuf resta muet pendant des mois.

Louis Fréchette, alias Victor Hugo le Petit (comme le surnommaient méchamment ses détracteurs), aida Octave à diluer sa peine dans les pichets de vin d'un estaminet de la rue Saint-Paul, se moquant des lourdeurs coincées de leurs concitoyens gavés aux sermons de leur archevêque plus qu'à l'écoute de leurs propres désirs. Suivant ensuite la rue Notre-Dame dans le joyeux soir de mai, à l'heure où tout se mêle en un vif éclat de gaîté verte, ils se rendirent au Château Ramezay où se tenait une séance de poésie dont Louis, lui-même auteur des *Fleurs boréales*, était l'organisateur.

Après les poètes reconnus qui s'étaient déjà levés sous les bravos pour livrer leurs strophes dans l'antique demeure des gouverneurs français, un jeune garçon nostalgique aux cheveux ondulés, indifférent à ce que personne ne se souvienne de lui dès le lendemain midi, se trouva à conclure la soirée par ses rimes embrassées :

> *C'est le règne du rire amer et de la rage*
> *De se savoir poète et l'objet du mépris,*
> *De se savoir un cœur et de n'être compris*
> *Que par le clair de lune et les grands soirs d'orage!*

La Fondation Intermède reçut un jour la visite du chef de police. Le commandant Bazinet n'était pas né de la dernière pluie et discernait de loin le vrai du faux... et tout ce qui les relie. Chargé pendant vingt ans des enquêtes de meurtres par empoisonnement et lui-même quatre fois veuf, il avait développé une solide carapace contre les regards obliques de ses concitoyens quant à sa vie conjugale.

Il faut dire qu'en ces temps agités, les effectifs réduits de policiers devaient faire face à la fois à l'essor de la contrebande avec les États-Unis, à la corruption entourant les absorptions à Montréal des villages de Hochelaga et de Saint-Jean-Baptiste, et à la criminalité grandissante générée par les activités portuaires de la cité. Ses supérieurs n'avaient donc nulle envie de remplacer ce gradé efficace qui, dans la haute classe autant que dans les bas-quartiers, savait tenir le gouvernail de la sécurité publique à travers toutes les tempêtes.

Devant Foulanault, l'officier de police n'y avait pas été par quatre chemins : tant que l'institution à double sens s'en tiendrait à des frivolités entre adultes consentants, sans prostitution ni abus de mineurs, la force constabulaire ne l'aurait pas dans sa mire. Et il lui donna un conseil d'ami : payer rubis sur l'ongle les impôts locaux, mais s'abstenir de verser quelque pot-de-vin que ce soit aux édiles municipaux ou inspecteurs gouvernementaux, cette nuée de profiteurs corrompus sur lesquels Bazinet maintenait à jour, sans les déposer au tribunal, de juteux dossiers.

— Ainsi, si votre Fondation peut tenir dans ses livres une comptabilité i-nat-ta-qua-ble, concluait le commandant en détachant bien chaque syllabe, en aucun moment ces félons n'oseront demander de pourboires.

Habitué à commander ses hommes en peu de mots, jamais le Chef de police n'avait eu à répéter. Tel un dogme, ses paroles furent enregistrées pour l'éternité dans la culture entrepreneuriale de la famille Foulanault. Et pendant une bonne vingtaine d'années, les mercredis firent la fortune de la maison. Tandis que dans le voisinage, on feignait l'ignorance ; on savait sans savoir…

Cette dernière expression était un aphorisme, rappelait Octave à ses sept grands enfants, et la précieuse remarque du commandant

Bazinet, une maxime. La phrase peinte au plafond de l'Agora ? Une devise qui, par anagramme phonétique, en cache une autre. Laquelle ? Résoudre l'énigme des vingt-quatre phonèmes de l'Agora fut un jeu d'enfants pour les descendants Foulanault devenus adultes, qui en gardèrent confidentielle la double lecture.

L'Interlope bénéficiait par la bande de l'incroyable lourdeur morale de l'époque culminant avec le concile de Québec en 1909, lors duquel l'archevêque de Montréal, Monseigneur Bruchési, au faîte de sa puissance, invita le clergé québécois « à agir, en ces temps calamiteux pour la foi, vers l'observance des lois ecclésiastiques, la réforme des mœurs et l'éducation chrétienne de la jeunesse ».

Les temps n'étaient en tout cas pas du tout calamiteux pour le manoir Foulanault. En plus des rentables mercredis, s'y tenaient les vendredis des soirées de « poésie bilingue », animées par John McCrae, du Montreals Pen and Pencil Club, et Léonise Valois, poétesse du recueil *Les Fleurs sauvages* et rédactrice au *Monde illustré*. Déjà reconnus dans leurs deux communautés linguistiques, l'un et l'autre expliquaient leurs inspirations littéraires par d'énigmatiques formules à double sens : « Ces soirées entre célibataires, gaudriolait souvent Léonise, engendrent chaque fois puissamment la poétique de nos deux langues. »

Imperceptiblement, les parages de ce palais déjanté s'alimentaient aussi de la clientèle des Amoureux des deux langues. Le salon de thé L'Ancienne ruelle était le rendez-vous coquin des plus âgés, eux qui tout jeunes avaient connu sous son surnom la petite rue où il était situé[9]. Pour revivre leurs émois de jeunesse, ils avaient un code simple pour « rencontrer » : entrer dans cet endroit spécialisé en variétés de thés asiatiques en demandant à haute voix « un spécial Talang-Malang ».

---

9. Au début du XIXe siècle, ce petit chemin au tracé mal défini resta longtemps entouré de hautes herbes folles qui concédaient une intimité complice, inspirant aux amants des deux communautés linguistiques ennemies son surnom franco-anglais : *la ruelle du flirtage*. On ne la connaît plus que sous son nouveau nom : la rue Bleury.

À l'angle de l'Allée des suppliciées et de la rue Mignonne, la Papeterie du Mercredi (ouverte toute la semaine) devait son nom aux célibataires des deux langues cherchant une âme sœur pour aller aux soirées du 399. Son comptoir des cahiers bilingues était leur point de rencontre, non affiché, mais très fréquenté.

Sur la rue Saint-Constant, un atelier de couture jouait aussi entre les lignes de son enseigne, La Couturière & The Tailor, les étapes de confection sur mesures justifiant les visites des mêmes clients deux ou trois fois par semaine. Juste à côté, à l'angle des rues Charlotte et Saint-Justin, le restaurant Le Lys et la Rose accueillait d'entières tablées franco-anglaises, chose assez inhabituelle alors. Le mercredi y était fort occupé le midi, avant les *Agapes* et les *Rimes*. Ou en fin de soirée, après « les activités »…

Avec le passage au XXe siècle évoluèrent les mentalités. Portée par ses brillants tribuns, la résistance de la Nation prit une tournure plus mature, s'attaquant au défi de construire ses propres institutions. En deux ou trois générations, la « revanche des berceaux » avait doublé la population, assouplissant peu à peu la mobilisation procréatrice. En conséquence, les mariages inter-linguistiques devinrent petit à petit moins exceptionnels.

Les filles de familles souches commençaient à se promener au grand jour avec leurs cavaliers britanniques, et leurs frères à fréquenter leurs blondes de langue anglaise dans les salles de danse qui ouvraient dans le nord de la ville, sur la rue Prince-Arthur par exemple, où la valeur foncière semi-rurale permettait la construction de grandes salles modernes. De nouveaux établissements populaires attiraient enfin en pleine lumière tous ces couples bilingues, quelquefois accompagnés de leurs parents unilingues. Des fiançailles s'y célébraient souvent, malgré les difficultés de compréhension des uns ou des autres.

Le 399 perdait rapidement sa clientèle, maintenant que tous ces Amoureux des deux langues étaient acceptés ailleurs. Confronté à l'inévitable baisse d'achalandage causée par la libération des mœurs et maintenant âgé de soixante-quinze ans, Octave Foulanault se sentait dépourvu. Il lui arrivait même de croiser en plein jour l'un de ces couples « bilingues » qui, il y a peu, ne se seraient étreints qu'à la brunante, dans quelque coursive de son propre navire à lui, Capitaine Octave, timonier expert de la navigation à contre-courant. Cette perfide mer sans vents contraires lui avait caché le haut-fond qu'il n'avait jamais cartographié, et sur lequel allait s'échouer le vaisseau dont il avait de sa main cousu la voilure désormais inutile.

De façon prosaïque, la clientèle de plus en plus clairsemée laissait apparaître le monstre que redoute tout entrepreneur : le déficit d'opérations. En d'autres mots, après deux solides décennies de rentabilité, L'Interlope perdait maintenant de l'argent chaque mois. Tentant le tout pour le tout, celui que tous appelaient Monsieur Octave identifia en 1913 son plus improbable allié potentiel, celui qu'il avait tant raillé dans ses bacchanales avec de vieux amis.

Il sollicita une rencontre avec le tout puissant archevêque de Montréal pour l'implorer de contrecarrer cette désastreuse glissade des fils et filles de la patrie catholique vers des mariages à la génétique dangereuse. Drapé dans le port aristocratique que dictait la puissance de son statut, monseigneur Bruchési reçut son visiteur en audience privée et laissa poliment le paroissien déballer son bancal plaidoyer. Mais la réputation de la pseudo-fondation l'avait depuis longtemps précédé au siège archiépiscopal, dont les antennes tentaculaires étaient bien au fait de son rôle de camouflage des amours inavouables. Le mandataire du pape Pie X livra une réplique sans appel : les conversions associées aux épousailles en question, majoritairement vers le catholicisme et non vers le protestantisme, renforçaient encore plus l'emprise de Rome sur son bastion nord-américain.

— Que ces unions s'officialisent dans la vraie chrétienté, voilà ce qui ne peut que renforcer la Sainte Foi, observa le prélat, hautain et sûr de lui. Le Saint-Esprit ne voit donc aucune raison de s'y opposer.

Penaud, le septuagénaire battit en retraite. Si la hiérarchie sacerdotale accordait dorénavant le paradis à ces alliances jadis assimilées à l'enfer, que faire des zones de purgatoire comme la sienne? Insouciant des calèches qui le frôlaient, Octave revint à pied lentement chez lui, Place Saint-Henri, hypnotisé par ce désaveu dont il venait d'un coup de saisir toute la portée. Lui qui avait ouvert son manteau aux martyrs du libertinage terminerait donc sa vie tristement, dépouillé de son aura de résistant face à un puritanisme tout à coup évaporé. Avec sur les bras un lieu-refuge déficitaire, maintenant déserté par des amoureux de moins en moins marginaux.

Découragé, Octave réunit solennellement ses sept enfants dans la Coupole, au faîte de son immeuble. Via l'Alcôve de la Lune, ils montèrent d'abord l'escalier deux quarts tournant jusqu'au pavillon administratif, le plus haut palier auquel ils avaient normalement accès, puis pour la première fois de leur vie ils grimpèrent les treize marches de l'échelle meunière débouchant sur l'inédite acoustique du dôme supérieur.

La salle n'avait jamais été utilisée ; le bâtisseur lui-même n'y était pas monté depuis la dernière couche de vernis. Ils prirent place autour de la table centrale ; leur hémicycle faisait face au patriarche terrassé par la déroute. D'une voix brisée, ce dernier annonça l'échec de sa démarche à l'archevêché :

— Nos clients s'en vont, attirés ailleurs par l'incompréhensible tolérance de ce nouveau siècle : sans aucune pudeur, les couples bilingues se promènent main dans la main sur les trottoirs, à la vue de tous. Même l'Archevêché s'en amuse! (*Il poursuivit en sanglots*) Affranchis du besoin de se cacher, ils viennent de moins en moins à nos activités.

Résultat, nous perdons beaucoup d'argent. On n'a plus le choix : il faut vendre…

Pantois devant ce rare défaitisme du chef de famille, les enfants Foulanault ne savaient quoi répondre, outre de creux encouragements dénués de solutions concrètes. Ils avaient depuis longtemps appris à ne pas contredire le paternel, dont le veuvage ne l'avait en rien amené à considérer d'autre point de vue que le sien propre.

Seule la plus jeune des sept se permit d'intervenir.

ÉLOÏSE
ET LA 2ᵉ COUPOLE

LE VOTE DES FEMMES

Jeune infirmière formée à l'Hôtel-Dieu par les Religieuses Hospitalières, Éloïse Foulanault avait ensuite joint l'équipe d'un petit hôpital récemment ouvert rue Saint-Denis pour combler l'immense retard en soins obstétriques qu'accusait un peuple à la natalité galopante. Initié par le docteur Irma Levasseur (qui, pour contourner l'interdiction des femmes d'entrer ici en médecine, avait étudié aux États-Unis), le combat contre la mortalité infantile et maternelle, croisade de l'Hôpital Sainte-Justine[10], trempait solidement le caractère de celles qui s'y engageaient.

Féministes presque avant la lettre, ces militantes résolues étaient confrontées aux cas de grossesses hors mariage, de naissances prématurées ou de bébés abandonnés à la porte des couvents, et au fatalisme de la société. Elles représentaient une nouvelle génération de femmes,

---

10. Sous des prétextes un peu futiles (quelque centaines de femmes mourant chaque année en accouchant, avec à Montréal une mortalité infantile de 268 ‰, ex aequo avec Calcutta), un groupe d'entêtées présenta en 1907 ce projet d'hôpital mère-enfant. Mais ces étourdies, au jugement probablement altéré par leur cycle hormonal (comme en avertissaient des scientifiques de l'époque), avaient oublié une chose : leur *incapacité juridique*, protégeant les femmes mariées du danger de gérer elles-mêmes leurs comptes bancaires, transactions immobilières et incorporation d'organismes (comme d'ailleurs les enfants mineurs, détenus condamnés et internés psychiatriques), invalidait toute décision de leur conseil d'administration, exclusivement féminin.

Au lieu de suivre l'équitable procédure prévue au *Code civil* (demander à leurs maris de signer pour elles), elles manigancèrent jusqu'au gouvernement, pourtant le protecteur du sens commun. La fragile majorité masculine au Parlement (soixante-quatorze sièges sur soixante-quatorze, un délicat équilibre qui n'a duré que cent soixante-dix ans, de 1791 à 1961) ne sut résister aux pressions de ces extrémistes et vota par une loi privée la fondation de l'Hôpital Sainte-Justine.

ces pionnières de l'affranchissement qui avironnaient un mouvement de fond sur une lancée de cent ans. En ce nouveau siècle, elles exigeaient de pouvoir étudier en droit ou en médecine, là où leurs mères avaient été interdites d'accès. Forçant d'une main la porte de l'éducation supérieure, elles cognaient de l'autre à celle du droit de vote, avec un argument peu écouté, pourtant limpide : si leurs frères le méritaient, pourquoi pas elles ?

Orpheline de mère, Éloïse avait déployé ses propres ailes et habitait son propre logement dans la municipalité rurale de Côte-des-Neiges, où chaque hiver ses voisins faisaient les sucres. Héritière de la créativité de son père et de la lucidité de sa mère, et bien au fait de la torve programmation de L'Interlope, celle que son père continuait d'appeler « la P'tite » ragaillardit sa famille par une analyse inattendue :

— C'est vrai qu'il faut faire notre deuil de la clientèle des Amoureux des deux langues, maintenant qu'ils n'ont plus à se cacher. Mais dans ma propre tranche d'âge, ne voyez-vous pas une nouvelle catégorie sociale intéressante pour nous ?

Elle parlait des filles de bonne famille qui refusaient les mariages précoces. Éduquées dans les privilèges des élites urbaines, elles avaient une soif insatiable de toutes activités (surtout affriolantes) leur permettant d'échapper au contrôle de leurs mères, ces pieuses matriarches d'un autre âge. Le 399 Saint-Laurent serait un endroit tout indiqué, argumentait-elle, pour ces demoiselles qui repoussaient bien au-delà de la trentaine l'acquisition d'un mari, en s'accordant plus de temps pour tester la marchandise en inventaire, notamment les articles d'importation.

Au début perplexe, le père laissa finalement Éloïse modifier les salles de son labyrinthe. Pour le budget de cette reconversion, elle passa par madame Vaillancourt, épouse de banquier, qui convainquit la Banque d'Hochelaga d'endosser simplement... une bonne idée.

Tandis qu'elle confiait à son frère Edmond la trésorerie quotidienne et la comptabilité i-nat-ta-qua-ble que leur avait transmises leur père, la P'tite s'attaqua à la transformation intérieure de l'édifice. Côté sud, la célèbre arcade devint une Entrée des artistes pour les athlètes prussiens et les dessinateurs toscans, engagés comme maîtres de gymnastique ou de modèles vivants. Dans un angle du bâtiment fut logé un petit Institut linguistique offrant des apprentissages variés, du gaélique au piémontais, donnés par des locuteurs natifs reconnus pour leur maîtrise de « l'expression de soi ».

Le porche au nord-ouest n'accueillait que les citoyennes non mariées et conduisait au club social Les Filles du siècle. Avec cartes de membres et cotisations, leur vibrante démocratie interne attira vite les suffragettes, ces militantes d'autant plus ferrées en pratique électorale qu'elles en restaient exclues en société[11]. Projets entérinés à la majorité, commissions élues au scrutin secret, plénières conclues au suffrage des inscrites, L'Interlope percolait désormais nuit et jour à cette nouvelle mouture : le vote des femmes.

Dans cette micro-république des dames, des motions furent dûment adoptées par la base pour constituer la nouvelle programmation. Cours d'aquarelle ou d'italien, exposés sur les estampes japonaises ou l'histoire de Byzance, chaque activité recevait une note d'évaluation par les membres. Pour les présentations de modes vestimentaires importées, d'ambigües Salles d'essayage furent aménagées au deuxième

---

11. Rédigées vers 1790 par des clercs probablement peu instruits, les règles électorales du Bas-Canada ont longtemps traîné une malformation sémantique : le terme *personne majeure* pouvait par mégarde inclure des femmes, par exemple celles détenant une propriété. L'anomalie providentiellement rectifiée en 1838 par la défaite des Patriotes face aux troupes britanniques, les Québécoises se sont alors retrouvées libérées de ce fardeau durant plus d'un siècle. Dernier bastion du scrutin non-mixte, le Québec défendit vaillamment sa différence nationale jusqu'en 1940, lorsque l'influence coloniale des *suffragettes* anglaises impose finalement ici aussi le vote à toutes les femmes. Enfin, presque toutes : jusqu'en 1986 le statut de non-électrice a été sauvegardé pour une minorité de privilégiées — les femmes autochtones.

étage, où les belles Montréalaises recevaient en privé leurs séduisants professeurs de langue, pour les ébats suivant les débats.

Par ce chiffre d'affaires régénéré, la P'tite fit ainsi d'une pierre deux coups, obtenant la sauvegarde de la propriété et l'admiration de son père. Celui-ci se retira des affaires, qui avaient repris de plus belle suivant les paramètres établis par la nouvelle souveraine. Soulagé, le patriarche vécut une longue vieillesse, entouré d'une nombreuse descendance.

Rafraîchie, la construction néo-romane regagna en moins d'un an une forte popularité grâce à cette nouvelle clientèle en émancipation. Au point de devoir appeler en renfort des animateurs de toutes disciplines, recrutés parmi les immigrants européens désireux d'échapper aux armées de leurs pays. Car se préparait sur le Vieux Continent une confrontation guerrière d'une ampleur jusqu'ici inconnue dans l'Histoire, où les états-majors de tous ces pays rivaux appelaient déjà sous les drapeaux les hommes célibataires. Des régiments entiers de jeunes Français ou Italiens, Croates ou Polonais, Belges ou Hongrois se sauvaient en catastrophe des contrées bientôt déchirées par l'horreur des combats.

La Grande Guerre de 1914-18 et son enlisement dans les sanglants corps-à-corps des tranchées justifièrent l'entrée en jeu des forces canadiennes. La métropole québécoise devenue plaque tournante du recrutement militaire, les cohortes successives de soldats faisaient la fortune des classiques maisons de tolérance. Et accessoirement, celle des *Soirées de renfort* qu'Éloïse tenait chaque semaine dans le faste de l'Agora, où les jeunes gens en partance pour le front venaient pleurer au cou des suffragettes attirées par les beaux uniformes.

Envoyés outre-mer par dizaines de milliers, beaucoup ne revinrent jamais, creusant dans la pyramide des âges une profonde brèche asymétrique. En même temps, autant de jeunes Européens continuaient de débarquer, déracinés de leurs familles pour échapper à la boucherie guerrière. Trop souvent veuves des premiers, les femmes de cette période se tournaient naturellement vers les seconds, que L'Interlope recevait dans son immense sous-sol.

De son terrain de jeux montréalais, Éloïse percevait ce gigantesque effet de portes tournantes, où le vide causé par l'enrôlement militaire de milliers d'ouvriers aspirait dans les usines des milliers d'ouvrières. Leur rôle dans la société tout à coup chamboulé (relation directe aux salaires, aux premiers syndicats féminins et aux ouvriers esseulés revenant de guerre) ne serait plus celui d'avant.

Une longue analyse pour une simple évidence, résumée en peu de mots à Moscou par le camarade Lénine, qui saluait « война, этот несравненный ускоритель истории[12] ».

Autour de l'édifice Foulanault, sans le crier trop fort, se modifiait la nature des commerces desservant cette population assidue aux activités du 399, comme la Mercerie des Deux Continents, sur Sainte-Catherine.

Près de la rue Hôtel-de-ville, le Bureau local des Suffragettes accueillait un nombre surprenant de visiteurs masculins, surtout la veille des sessions de formation en droit électoral.

La petite Bouquinerie Dialectes offrait à bas prix les manuels d'apprentissage de la trentaine de parlers enseignés via la programmation de L'Interlope.

Et sur la rue Cadieux, la chapellerie Labelle & Lebeau faisait une promotion efficace avec son mur des couvre-chefs, agençant les portraits des élégantes clientes d'ici et des charmants clients étrangers. Tout le monde y gagnait : d'abord la petite boutique, qui s'offrait une publicité

---

12. « la guerre, cet incomparable accélérateur de l'Histoire ».

61

à peu de frais ; ensuite chacun et chacune des « figurants » qui, en achetant pour la photo un beau chapeau à prix réduit, affichait sans frais son image aux yeux des intéressé-e-s d'autres ascendances.

Malgré l'appui à la légalisation de produire et de vendre des boissons alcooliques, validé lors du référendum de 1919 (de tout temps au Québec, le seul gagné par le parti l'ayant tenu), le gouvernement hésitait. Si bien qu'à la suite de l'adoption aux États-Unis du *Prohibition Act*[13] interdisant la production et la vente d'alcool, et dont la législation s'étendit vite au Canada anglais, la perspicace Éloïse décida d'aller rencontrer le premier ministre.

Quittant L'Interlope vers la gare pour attraper le train de Québec, Mademoiselle croisa au coin de la rue De Montigny un petit groupe de ces milliers de désœuvrés que les crises économiques laissaient sans travail. Tous semblaient bien s'amuser en fumant du chanvre mexicain,

---

13. La position irréfléchie des gouvernements actuels envers la légalisation du cannabis et ses méfaits (décriminalisation des usagers, contrôle de la qualité par l'État, exclusion de la pègre) s'ajoute à leur suicidaire irresponsabilité fiscale : en recettes fiscales diverses, à peine un milliard de dollars par année.

En comparaison, rappelons l'attitude visionnaire du Congrès américain qui, inspiré par l'éclairant discours du Ku Klux Klan, ratifia en janvier 1920 la *Prohibition de l'alcool*. Cette brillante stratégie assura jusqu'en 1933 un quadruple avantage aux États-Unis :
- soulager le trésor public d'une activité déficitaire (la perception des taxes sur la boisson);
- encourager l'émergence d'un entreprenariat exemplaire (les *cinq familles* à New York, Al Capone à Chicago);
- valoriser l'image des communautés immigrantes (gangs irlandais, triades chinoises, mafia italienne);
- dynamiser des secteurs névralgiques encore actifs de nos jours (contrebande, distilleries clandestines, blanchiment d'argent).

ce drôle de *gazón* qui gagnerait bientôt en popularité grâce à son interdiction quelques années plus tard.

D'abord titulaire des Travaux publics pendant douze ans et en même temps grand argentier du Parti libéral, puis installé à la tête de l'État, Louis-Alexandre Taschereau était un fin renard de la politique. Il n'hésitait pas à bousculer les habitudes s'il voyait une occasion de conjuguer le bien public et celui du parti, échafaudant dans les coulisses les mécanismes de financement qui établirent jusqu'à nos jours la réputation éthique des Libéraux. Tablant sur cet appétit, Éloïse réussit à convaincre le chef du gouvernement : seul en Amérique du Nord, le Québec créa sa Commission des liqueurs en 1921.

Ce pari de la légalité contrôlée contribua à la fois au trésor public et surtout à la réputation outre-frontières de Montréal comme *Sin City of All Pleasures*, attirant alors dans les nuits semi-légales du *Red Light* un chiffre d'affaires à faire pâlir d'envie les promoteurs touristiques d'aujourd'hui. Avec sa programmation adaptée, le 399 Saint-Laurent s'y tailla la part du lion, surtout auprès des Américaines en visite, qui cherchaient sur le boulevard l'adresse exacte de « L'Interloop »[14].

Cet unique chapiteau du plaisir à initiatives féminines tenait programmation sept jours par semaine, souvent à guichets fermés. Même en hiver, pendant les plus grosses bordées que son voisinage n'arrêtait pas de déneiger, la P'tite n'arrêtait pas elle-même de pelleter de l'argent. Tandis qu'à l'extérieur, on feignait l'ignorance ; on savait sans savoir.

---

14. Il faut dire que la visibilité du quartier avait profité de la revue musicale que l'élégante Mae West présenta sur Broadway en 1926, décrivant le Montréal de l'époque dans un spectacle au sobre titre de trois lettres — *SEX!* — si subtil qu'un tribunal new-yorkais emprisonna la scénariste de cette œuvre célébrant notre rue Cadieux — qu'ici le maire Médéric Martin, gêné par cette publicité, rebaptisa précipitamment rue De Bullion. Dans son jugement, le juge américain encensait pourtant la création scénique de neuf qualificatifs élogieux : « vicieux, lubrique, scandaleux, grossier, obscène, indécent, ignoble, immoral et impur ».

Beau visage au beau sourire, la patronne à la silhouette engageante se permettait à l'occasion, sous le pseudonyme de Lise-Élo, de s'impliquer bénévolement dans l'intégration intime des immigrants. Plutôt que de se marier, elle avait choisi de vivre dans le tambour battant de la quarantaine cette jeunesse folichonne qu'elle n'avait pas eu le temps d'expérimenter dans la vingtaine.

 Émergeant d'une robe toujours plaisamment échancrée, elle s'excitait dans la multiplication des aventures en semi-cachette, autant pour le scénario que pour l'acte en soi. Impassible aux qu'en-dira-t-on du suffoquant conservatisme d'alors, une minorité d'adultes choisissait comme elle ce mode de vie du dévergondage assumé.

 Et le calendrier interlopiste cultivait l'art de brouiller les pistes. Entre un respectable exposé de Marie Gérin-Lajoie appuyant l'infatigable mobilisation pour le suffrage féminin et une lecture des *Légendes gaspésiennes* de Blanche Lamontagne, Éloïse arrivait toujours à glisser subtilement à l'agenda des activités un tantinet plus polissonnes. Cet emploi du temps dédié à l'« étude des cultures étrangères » était principalement le fait de femmes restées célibataires, un peu de veuves ou d'épouses séparées et rarement, de dames en couples. Tandis que hors des murs, on feignait l'ignorance; on savait sans savoir…

 Devenue femme d'affaires en vue, l'héritière Foulanault pilota le vaisseau familial sur trois ou quatre décennies, haussant la voilure sous les vents des Années folles, louvoyant face aux courants de la Grande Dépression des années trente, manœuvrant entre les écueils de la Seconde Guerre. Nationaliste engagée, elle suivait les conférences du chanoine Lionel Groulx, dont la « mixophobie » voulait protéger la nation de la dilution dans un océan anglophone.

Pour propager la pensée du plus éminent intellectuel de sa génération, la P'tite ne ménageait aucune occasion de mobiliser ses réseaux afin de mousser la vente des livres du célèbre auteur, ou la présence à ses conférences.

Avec un penseur d'une telle envergure, de quel argumentaire promotionnel manquerait donc L'Interlope, l'un des rares refuges de la « mixophilie » ?

De fait, l'attirance des Montréalaises pour les Européens resta longtemps le nouveau filon de l'entreprise. Jusqu'à devenir socialement incontournable : le déficit en jeunes hommes menaçait l'institution du mariage. Même les milieux les plus obtus durent se résigner à accepter de nouveaux gendres néerlandais ou autrichiens, portugais ou arméniens.

Après tout, n'étaient-ils pas tous de bons chrétiens ?

LA TERRE SAINTE

Les frères et sœurs aînés d'Éloïse devenant l'un après l'autre grands-parents, le clan Foulanault s'étendait maintenant sur quatre générations aux réunions familiales épicées de jeux de mots et de proverbes, de devinettes et de contrepèteries. Et bien sûr de résolution d'anagrammes, comme celle du plafond de leur Agora.

De plus en plus à l'aise financièrement, la patronne de la Deuxième Coupole jouait à l'occasion au hockey avec ses cousines. Et souvent, elle accompagnait ses petits-neveux et nièces applaudissant les exploits des grandes joueuses, comme Germaine Blais ou Simone Cauchon, dans l'ambiance survoltée de la rivalité linguistique (débordant bien sûr vers la politique) qu'entretenaient les deux grandes équipes féminines de la ville : les anglophones Maroons versus les francophones Canadiennes de Montréal. Ou occasionnellement aux parties des homonymes masculins de ces dernières, eux qui venaient, en 1930 et 1931, de gagner la Coupe Stanley. Deux fois de suite !

Mademoiselle, comme l'appelaient familièrement les habitués, développa dans tous les milieux son réseau d'influences, pressentant à tout coup quelle fragile sous-population avait besoin d'une semi-clairière pour sortir du terrier, quelle tendance nouvelle intéresserait (ou désintéresserait) les abonnées de la maison. Ainsi, Éloïse avait flairé la piteuse désertion de son établissement par ces couples occidentaux désormais publiquement applaudis dans leur marche nuptiale vers l'autel de l'église paroissiale.

Elle avait cependant deviné quelles amours illicites lui resteraient fidèles : Aaron et Marguerite, Thérèse et Jacob, Marie et Ézéchiel, David et Bernardine… Car sur l'ancienne rue Saint-Laurent devenue boulevard, les mille commerces de textiles que fondaient les familles juives ayant quitté à temps l'Allemagne hitlérienne[15] attiraient les jeunes Québécoises à la recherche de tissus pour la confection de leurs garde-robes.

Immanquablement, l'habituel marchandage par les délurées clientes dépassait le cadre du prix des étoffes des beaux vendeurs, que certaines venaient innocemment caresser, une verge à la fois. L'air du temps rendant inutile d'espérer la moindre complicité des familles pour une idylle entre un juif et une chrétienne, il ne leur restaient qu'une seule tanière, mentionnée par personne mais connue de tous.

Guettant l'intolérance que déroulaient les années trente, Éloïse et ses collaborateurs (essentiellement, des gens de sa famille) suivaient l'inquiétante actualité de l'époque : partout, l'antisémitisme montait, de plus en plus virulent. En Allemagne bien sûr, et également dans les pays voisins. Et aussi de ce côté de l'Atlantique : partis politiques extrémistes ici comme ailleurs, quotas limitant l'inscription d'étudiants juifs à l'Université McGill, fermeture des frontières aux réfugiés et littérature haineuse un peu partout. Et bien sûr, le petit ostracisme quotidien venant du petit peuple, sans parler des interdits de fréquentations, surtout amoureuses. Face à ces conditions orageuses qui couvraient le ciel de la métropole et sa population israélite, l'une des plus importantes du continent, Madame Foulanault affirmait simplement à ses proches :

— Terrible de voir ce qui se passe pour les Juifs. Par contre, pour notre édifice, plus ça va mal à l'extérieur, plus ça va bien à l'intérieur…

---

15. Entre 1933 et 1945, le gouvernement canadien laissera entrer en tout et pour tout 4 000 Juifs (République dominicaine, 5 000 ; Mexique, 20 000 ; États-Unis, 200 000), le ministre fédéral de l'immigration expliquant que « le pays ne peut devenir un dépotoir pour 800 000 réfugiés ». Pour plus de clarté, le premier ministre MacKenzie King précisera lui-même : « notre pays est plus menacé par ces réfugiés israélites, que par Hitler lui-même » et trouva donc cohérent en 1939 de retourner le paquebot *St-Louis* et ses 950 rescapés juifs vers l'Allemagne nazie.

Ça allait effectivement très bien pour ce clan familial célébrant une rentabilité retrouvée tout en adorant les mots et leurs nuances, puisées dans la lecture de la Thora ou autres écrits du judaïsme. Aux yeux de beaucoup, le navire de Mademoiselle était un inespéré canot de sauvetage dans la mer démontée de l'antisémitisme[16]. Les amours judéo-chrétiennes réfugiées au 399 surnommaient l'endroit *la Terre sainte*, où, sous le pseudonyme de « Loïsa », la directrice elle-même, allongée aux côtés des jeunes Hébreux, se plaisait à rejouer les scènes les plus triviales de la Genèse.

La grisaille économique des années dures appauvrissant les ouvriers au chômage, tous les petits commerçants tournaient au ralenti dans le Montréal de la Grande Dépression. Mais dans le voisinage de L'Interlope, un micro-quartier s'en tirait curieusement plutôt bien : sur la nouvelle rue Berger, la librairie Les Deux Testaments maintenait une offre d'ouvrages sur le christianisme et le judaïsme. Cette combinaison assez rare pour la décennie servait de croisement utile à deux clientèles distinctes, celle de l'Ancien testament et celle du Nouveau.

Sur la rue Boisbriand, le magasin d'articles religieux T'auras ta Bible offrait une variété très large de livres de foi, appréciée par les dévots fils de Sion autant que par les pieuses catholiques s'intéressant

---

16. Dans la compassion envers les Juifs allemands, pour une fois les Deux Solitudes sont en harmonie! En phase avec les efforts du fédéral, le Parti national social-chrétien d'Adrien Arcand propose au Québec la déportation à la baie d'Hudson des Juifs déjà établis ici. Appelé le *führer canadien* par sa milice des Chemises bleues portant brassard à croix gammée, et inquiet de « la dégénérescence raciale du monde blanc », il dénoncera plus tard le chef du gouvernement québécois Jean Lesage, « cet agent juif dont le vrai nom est John Wiseman ».

aux sources des religions abrahamiques. Tous ces visiteurs goûtaient les occasions inopinées d'« élargir leurs connaissances ».

À l'angle de la rue De Bullion (l'ancienne rue Cadieux), la boulangerie Le Soleil levain devait officiellement son nom aux recettes du Moyen-Orient. En réalité, le samedi servait de rencontres aux acheteurs des dernières fournées de bagels pour le sabbat avec les premières clientes du pain de ménage pour le Jour du Seigneur du lendemain. Quoi de plus délicieux, même si l'on n'est pas moulu de la même farine, que de pétrir ensemble des plans coquins pour les jours suivants?

Ayant traversé bien des époques, Octave mourut un matin dans son lit sans qu'on sache trop de quoi, pleuré par sa multiple postérité. De nouveau sa fille cadette revêtit la longue robe noire boutonnée jusqu'au cou qu'elle n'avait pas enfilée depuis l'enterrement de sa mère.

Tentant d'alléger son deuil, elle s'offrit un soir congé de la gestion anthropophage que sa mission exigeait, sept jours sur sept. Traversant le boulevard vers le sud, elle entra au Monument national, fréquenté par plusieurs habitués du 399 pour son répertoire si varié, allant du théâtre yiddish jusqu'à la musique folklorique des *Veillées du bon vieux temps*. S'y tenait ce soir-là une lecture de poésie animée par Georgina Bélanger, alias Gaétane de Montreuil, elle-même l'autrice du recueil *Les Rêves morts*. Suffragette de la première heure et pionnière du journalisme féminin, l'écrivaine aux mille pseudonymes était officiellement séparée de son mari et, sans surprise, une habituée de L'Interlope.

Voyant arriver l'orpheline éplorée, Gaétane prit Éloïse sous son aile pour le reste de la soirée. Adossées ensemble aux balustres torsadés, les deux célibataires écoutèrent les talents locaux osant monter sur la scène imposante. Après Jacob-Isaac Segal, qui livra des extraits en yiddish de son récent ouvrage, *Lirik*, elles écoutèrent une timide blondinette qu'aucun éditeur ne voudrait probablement jamais publier, et qui vint versifier quelques strophes enfantines :

> *Ma belle rêverie et celle du jour*
> *Se frôlent sans jamais se rejoindre*
> *L'une est au soleil, l'autre à l'ombre*
> *Et toutes les deux fuient comme une onde*
> *Entre les doigts.*

Puis de nouveau la guerre, décuplée d'horreur. De nouveau les cohortes enrôlées outre-Atlantique et le déferlement sur nos rives d'autres vagues de rescapés. La conclusion du second conflit mondial laissa maints observateurs prédire l'imminence de la fin du monde, entrevue à Auschwitz et Hiroshima.

Mais Mademoiselle pressentait plutôt la fin *d'un monde* : sur les cendres du continent dévasté, les peuples européens mettraient fin pour de bon à mille ans de guerre, du moins entre eux. Et la fondation annoncée de deux nouveaux États au Moyen-Orient détourna l'attention de beaucoup de jeunes Juifs d'ici, qui envisageaient d'y partir[17].

---

17. Par la proclamation en 1948 de l'État d'Israël, l'équitable solution du monde occidental pour réparer ses torts (compenser les souffrances des Juifs en Europe par la spoliation des territoires arabes en Palestine) explique en partie l'ininterrompue période de paix que vivent depuis les peuples de la région. Les politiques d'accommodement appliquées ensuite par le pouvoir israélien (confiscation des terres, déplacement de population, maintien de cinq millions de personnes en camps de réfugiés, bombardement de lieux saints de l'Islam) contribuent aussi largement à valoir à ce coin du monde sa réputation de justice et d'harmonie.

Conséquence : son immeuble était de nouveau passé de mode. Car en Europe comme chez nous, la tendance revenait vers l'équilibre, le respect mutuel, le vivre-ensemble. L'avenir semblait enfin radieux pour évoluer en paix et fonder une famille, sans trop souffrir de discrimination ethnique.

Et dans les parcs et terrains de jeux, qui pouvait distinguer l'origine grecque ou sépharade des enfants ?

LES DANSES AFRO-CAUCASIENNES

Confrontée à ce problème récurrent de la montée de la tolérance, menaçant d'obsolescence les zones d'indulgence, Mademoiselle accrocha intelligemment son radeau aux bouées de la vraie discrimination raciale, inspirée des États-Unis : le sérieux, l'authentique, le sincère racisme envers les Noirs[18]. Une famille moyenne de Rosemont ou de Verdun pouvait accepter un gendre irlandais ou croate ; peut-être même recevoir un cavalier juif, puisque aussi de culture judéo-chrétienne. Passe encore de voir sa fille assister à un spectacle de jazz, cette mélodie rythmant les soirées de l'après-guerre. De là à inviter le trompettiste à la maison le lendemain, ça non ! Le Québec sait évoluer, mais à son rythme : pain béni pour la famille Foulanault, qui soutenait les valeurs du terroir à son avantage.

Éloïse s'empressa donc d'établir un « clavier tarifaire », jouant des accords entre Blanches et Noirs (ou l'inverse). Seul en ville à offrir le tarif « deux pour un » aux couples biraciaux, son établissement vit les recettes valider cette brillante stratégie : la fréquentation fut de nouveau relancée par une nouvelle clientèle. Dans un décor renouvelé, à la mouluration

---

18. Jusqu'en 1964, aux États-Unis, les lois sur la ségrégation dans les États du sud favorisaient largement la communauté noire : échelles spécifiques de salaires, écoles réservées pour ses enfants et places désignées dans les transports en commun. Et avec le *Racial Integrity Act* qui protégeait contre les mariages interraciaux, l'un des plus attendrissants aspects était *l'équité judiciaire*.

Ainsi, un juge de la Virginie condamna en 1958 une Noire et un Blanc du crime de s'être mariés ensemble. Devant les protestations de Mildred Jeter et Richard Loving quant à leur délit, la Justice rappela l'absolu principe de l'égalité des races humaines. En effet, leur déclara la Cour, les deux coupables recevaient équitablement la même sentence (un an de prison) assortie d'un bannissement de vingt-cinq ans de leur État natal.

neuve sertie d'ébène entrelacé d'ivoire, les meilleurs quintettes des années du swing faisaient danser ensemble le public de Tétreaultville et de la Petite-Bourgogne.

Lorsqu'Oscar Peterson ou Charlie Biddle entamait la version longue du *Diminuendo in Blue*, c'était, sous l'éclairage tamisé des banquettes, le signe du rapprochement des races, pour lesquelles le clair-obscur de l'endroit était une rare oasis dans le désert de la discrimination raciale. Malgré les années qui s'additionnaient pour la responsable de L'Interlope, celle que les musiciens appelaient affectueusement Sweet Loise prenait quelquefois part à ces communions chromatiques. Dans tout le Grand Montréal, le 399 resta LA référence des soirées de danse afro-caucasiennes, bien avant que quiconque ne comprenne ce dernier terme. Et chaque Saint-Valentin brisait le record d'achalandage de la précédente!

Longtemps les deux cents bordels établis entre les rues Saint-Urbain et De Bullion[19] s'étaient crus protégés par la totale corruption des corps policiers, pratique à laquelle s'était toujours refusée la famille Foulanault. D'ailleurs sa clientèle plus sophistiquée (scénaristes de radio, romancières à la mode et directrices de couvent, ainsi que de nombreux juges et ministres) dédaignait la pratique des pots-de-vin autant qu'elle appréciait les plaisirs de la chair.

Ces originaux se retrouvaient souvent en début de semaine lors d'innocentes soirées poétiques dans l'Agora des huit couleurs, *Les couplets d'ici et d'ailleurs*, où une personnalité locale faisait alterner ses propres versets de lectures d'un auteur étranger qui lui avait préalablement confié un recueil. Dans cet alambic fermentaient toujours de

---

19. Avec l'objectif logique de guider les touristes à travers les rues mal éclairées, un plan du *Red Light* conservé aux Archives de la Ville cartographie utilement en 1943 ce secteur vital de la métropole, y dénombrant entre cent quatre-vingts et deux cents établissements de ce type, connus de la police. Avec au centre de ce quartier charmant, son cœur battant : dans huit petits pâtés de maisons, quatre-vingt-huit maisons de prostitution.

subtiles sensualités à double effluves, comme ce mercredi de juin qui vit le nouveau lyrisme féminin de Jovette Bernier valser aux airs de la négritude caraïbe d'Aimé Césaire. De quoi inspirer aux assidus de la maison de voluptueuses fins de veillées.

Discrètement, dans une société encore peu ouverte aux amours interraciales, certaines de ces unions s'immortalisaient chez un photographe ayant récemment ouvert rue Sanguinet, le Studio Noir & Blanc. Curieux nom pour un endroit spécialisé dans les portraits en couleurs! Mais bon, on y lisait bien ce qu'on voulait sur les petites enseignes qui, à chaque relance de clientèle sous la Deuxième Coupole, s'égrenaient chaque fois un peu plus vers l'Est.

Entre la prise de vues et le développement, les clients du studio tuaient le temps au coin de la vieille rue Sainte-Élisabeth, à la Quincaillerie Deux couleurs, connue pour ses marques de peintures annoncées en « mélanges de teintes » qu'appréciaient les acheteurs peu pressés, causant ensemble dans la salle d'attente. Ou ils allaient sur la Place Christin au Café Noir de Madame Leblanc. Sourire en coin, celle-ci les servait d'un humour complice, plaisantant sur le plaisir de mêler la crème au café, ou celui de laisser fondre en bouche un nougat avec un chocolat…

L'année 1946 vit la ville décrocher un très rare double championnat. En avril, les Canadiens remportèrent leur sixième Coupe Stanley, menés par leur nouvelle étoile, le numéro 9. En octobre, l'équipe de baseball des Royaux de Montréal furent également champions par la conquête de la Petite Série mondiale, menés par leur nouvelle étoile, lui aussi le numéro 9. Du même âge, les deux Monsieur R., homonymes numériques propulsant le nom de la ville en première page du continent, portaient aussi l'immense fierté de leurs deux identités collectives.

Premier compteur de cinquante buts en une saison, le numéro 9 hivernal, ailier droit francophone du Tricolore, était l'idole de tout un peuple jadis conquis, et par sa langue devenu étranger dans les propres terres de sa nation sans pays. Homme de peu de mots au regard intense, il s'appelait Maurice Richard et jouait pour Montréal.

Puissant frappeur de race noire et grand spécialiste des vols de buts, le numéro 9 estival, deuxième-but des Royaux, incarnait l'espoir de tout un peuple jadis esclavagé, et par la couleur de sa peau encore discriminé au quotidien. Homme de peu de mots au regard intense, il s'appelait Jackie Robinson et jouait pour Montréal[20].

Impératrice de toute une cour de neveux et nièces, eux-mêmes parents ou grands-parents dans bien des cas, Mademoiselle adorait les sorties en famille, l'hiver aux joutes de hockey au Forum, et aussi l'été aux parties de baseball du Stade Delorimier. La tribu Foulanault y applaudissait les exploits de Jackie, dont chaque photo du beau sportif noir entouré de jolies admiratrices blanches était bien sûr une publicité indirecte pour les soirées semi-licites du 399. À plus long terme, cependant, l'imminente dislocation des barrières raciales ne constituait-elle pas une menace pour sa fréquentation ? Lors d'une conférence de Lionel

---

20. Éternels bénéficiaires de la ségrégation raciale au baseball, les joueurs noirs étaient dispensés de la tâche ingrate de jouer en Ligues majeures. Ils protégeaient ce privilège en formant des équipes exclusives de Noirs, jouant des championnats séparés au titre prétentieux de *Negro Leagues* : ainsi Jackie Robinson jouait auparavant pour les Monarchs de Kansas City dans la *Negro American League*.

Privé de ces joueurs de talent attirant un public de plus en plus large, Branch Rickey (le multimillionnaire propriétaire des Dodgers de Brooklyn, en banlieue de New York) se disait à bon droit discriminé dans son droit au profit, au point où il força les Ligues majeures à lui permettre d'engager Robinson. Avec comme seul compromis une année de transition dans une ligue de second niveau, la *Ligue internationale*. Les Dodgers y comptaient justement un club affilié, chargé de développer les jeunes talents : les Royaux de Montréal, juste au nord de la frontière. Et de façon fort opportune, en terrain politiquement neutre.

Groulx sur « le danger de mélanger les races » conclue par des échanges avec les participants, Éloïse évoqua l'éventuelle fin de la discrimination raciale dans les sports, qu'elle redoutait secrètement.

— Intéressante, la question sur la race au baseball, commenta le conférencier. Si vous êtes disponible dans les prochains jours, on pourrait tenir une discussion à trois, si monsieur Robinson le désire.

Ce dernier s'étonna : de quoi débattre avec cet intellectuel catholique ? Il offrit néanmoins à Éloïse de venir le retrouver au Stade Delorimier, domicile des Royaux, avec l'abbé Groulx. Ce dernier suggérait plutôt le Buffet de l'Université de Montréal, où il tenait tablée. Comment arbitrer entre ces deux fortes têtes ? Se replongeant dans les jeux de son enfance, Mademoiselle écrivit sur deux bouts de papier *Stade Delorimier* et *Buffet de l'Université*, puis découpa chacun des quatre termes pour en tester les possibles assemblages sémantiques vers une solution acceptable aux deux.

À l'angle des rues De Lorimier et Université ? Deux voies importantes de la ville, mais qui ne se croisaient pas. Université Delorimier, Stade du Buffet ou Université du Stade ? Ces trois endroits n'existaient pas. L'Université du Buffet ? C'était le sobriquet d'une association étudiante... Le Stade de l'Université ? Oui, le nouveau campus à flanc de montagne en avait bien un (et même un Buffet du Stade, juste à côté), mais trop loin pour Jackie. Au dernier coup, les astres s'enlignèrent enfin : le Buffet De Lorimier, au 2112 rue Mont-Royal Est.

Éloïse y était déjà attablée lorsque descendit du tramway le célèbre chanoine à la chétive silhouette fin soixantaine, qui entra dans le petit établissement sous l'œil indifférent du personnel. Or, cinq minutes plus tard, voyant s'arrêter une rutilante voiture, les serveuses se donnaient du coude en admirant le bel athlète au sourire d'ivoire dans sa carrure d'ébène. L'héritière Foulanault n'était pas peu fière de réussir cette improbable rencontre à trois (et pour elle-même, Sweet Loise s'imaginait dansant avec le beau Jackie sur le plancher de L'Interlope, au son du *Diminuendo in Blue*). Sur la question de mélanger les races ou, au contraire, de favoriser leur développement séparé, en ce midi du mois d'août 1946 l'historique *débat sur la race* pouvait commencer : mixophilie versus mixophobie.

L'abbé Groulx débuta (comme aux échecs, celui qui joue les blancs) :

— Face à vos exploits sportifs, je m'en veux de ne pas avoir moi-même persévéré au baseball. À Vaudreuil, je jouais deuxième-but, comme vous.

Le numéro 9 lui répondit sur le même ton, dans un français d'un surprenant niveau :

— Et en suivant vos succès académiques, moi-même je regrette de ne pas avoir persévéré à l'université, en Californie, où j'aimais bien étudier l'Histoire, comme vous. D'ailleurs, on avait étudié un de vos livres, *La naissance d'une race*. J'y ai découvert les difficiles moments des Canadiens français ; une longue série noire !

Flatté de ce mensonge blanc, l'érudit joua la modestie :

— Ne noircissons pas le tableau… mais qu'en avez-vous pensé ?

— Honnêtement, j'ai été choqué par votre affirmation de la presque non-existence des races humaines, et de lire que la race canadienne-française n'était qu'une simple « variété de population », sans réelle distinction anthropologique.

Éloïse s'empressa de nuancer :

— N'y voyez pas de noirs desseins. L'abbé Groulx parle des races avec chacune son lot de qualités et de défauts, de vertus ou de déficiences morales, plutôt que de véritables distinctions biologiques, comme entre les races animales.

— Laissons en blanc ces définitions, mon cher Jackie, reprit le chercheur, et sans voir tout en noir, ne trouvez-vous pas préférable que chaque race évolue en elle-même ? Et pour les gens comme vous, de continuer à jouer dans les Ligues de *Negroes* ?

Groulx n'osait manifestement pas traduire en français cette expression au complet. Robinson ne mit pas autant de gants blancs :

— Pourquoi nous contenter des Ligues de Noirauds si on peut jouer dans des ligues de baseball tout court ? Et à meilleur salaire, avec des revenus déclarés, au lieu d'être payés au noir ?

Sentant le débat s'effilocher, Éloïse intervint :

— Je comprends votre désir de blanchir la mixophilie, qui libèrerait vos joueurs de la misère noire. Mais avec quelles conséquences ? Au-delà du succès de quelques dizaines de joueurs appelés en Ligues Majeures, que deviendront les centaines d'autres, qui se retrouveraient sans équipe ?

Et Lionel Groulx renchérit :

— Voilà bien un autre paradoxe : au-delà des joueurs, pensez aux Ligues de *Negroes* elles-mêmes, succès d'affaires de votre race. Saignées à blanc, elles disparaîtront avec la fin de la ségrégation, qui les protège.

— Notre intégration dans les Ligues majeures va diversifier le public, donc augmenter les foules. Et par conséquent susciter la création de nouvelles équipes, qui auront carte blanche pour embaucher de nouveaux joueurs. De mon point de vue, votre mixophobie est pour nous un faux avantage.

— Et selon moi, votre mixophilie n'est pas blanche comme neige ; elle comporte plusieurs désavantages.

Admiratives devant les deux débatteurs, la dirigeante de L'Interlope craignait néanmoins l'enlisement. Elle tenta de hisser un drapeau blanc :

— Pourrions-nous trouver un compromis avant la noirceur ?

Intellectuel de haute portée, Lionel Groulx échafauda une synthèse rapide :

— Considérez de retourner à Kansas City, pour y gagner le championnat de cette ligue noire. Mais ensuite, dans une *vraie* série mondiale, se confronteraient les champions de chaque race, noire et blanche, et pourquoi pas aussi jaune ou rouge, ou un jour une équipe de notre race canadienne-française ? Sans signer de chèque en blanc, je vous garantis que les foules seront au rendez-vous ! Et les revenus aussi. Bref, les salaires de tous les joueurs, blancs ou noirs, exploseront.

— Je devrais donc refuser de joindre les Dodgers en Ligues majeures, s'emporta Jackie, chauffé à blanc, pour rejouer l'an prochain à Kansas City dans les miséreuses conditions de la Negro American League ?

— Mais ainsi, peut-être, avec Kansas City, vous pourriez gagner la Série mondiale des Races… en battant les Dodgers ! Imaginez la fierté de votre entourage, les foules record, les gradins noirs de monde… grâce au nouveau concept philosophique apparu en ce jour : la mixophilie des mixophobies.

Amusé de l'idée originale de Lionel Groulx, Robinson regarda sa montre et, du coup, s'excusa de ne pouvoir rester plus longtemps.

De but en blanc, il retourna l'argument de façon directe :

— Moi, je passerais à l'Histoire comme celui qui aurait publiquement *refusé* de briser la barrière raciale ? Il est un peu cousu de fil blanc, votre noir scénario. (*Se levant pour serrer la main de l'abbé Groulx, il conclut en souriant*) Je vais penser à tout ça… (*et fixant le chanoine dans le blanc des yeux*) Ou comme on dit en anglais : *I'll think about that…*[21]

---

21. Dans l'uniforme de quelle équipe le premier Noir arriva-t-il en Ligues Majeures de baseball ?

Établi au 8232 rue De Gaspé, près de Jarry, le numéro 9 des Royaux ignora l'idée lumineuse de Lionel Groulx et atterrit bêtement à Brooklyn en 1947. On imagine la honte de la communauté afroaméricaine ! La fameuse barrière raciale fut ainsi renversée sur une image que les sportifs montréalais préfèrent oublier, et que les élus municipaux ont aussi mille fois tenté d'effacer : pour la célèbre conférence de presse annonçant la fin de la ségrégation, les Dodgers n'avaient pas encore d'habits au nom de Robinson. Ils le présentèrent donc dans l'uniforme des Royaux. Le crépitement des flashs immortalisa ainsi un Jackie tout souriant, gravant pour l'éternité son image dans un uniforme au logo de huit lettres : *Montréal*.

Toujours appuyée par son frère Edmond, ce taciturne et assidu trésorier, Mademoiselle réussit à maintenir quelques années le succès de sa formule, nourrie par les habitudes de la population. Hélas, toute bonne chose a une fin. Le baby-boom de l'Après-guerre poussait insidieusement la nouvelle jeunesse sur la pente glissante de la non-discrimination des origines, incitant tous les couples exogames à vivre au grand jour. Russe blanc ou Noire américaine, Ashkénaze ou Tonkinoise, dominait partout l'équation « Ève + Adam = OK ». Garçons et filles de toutes origines magasinaient main dans la main chez Dupuis Frères et s'amusaient ensemble au Parc Belmont.

Vieille dame à la santé déclinante, affaiblie par diverses pathologies mal comprises, Éloïse sentait le tapis lui glisser sous les pieds. Ayant traversé deux guerres intercalées d'une longue récession, chaque fois son sixième sens l'avait avertie des modes saisonnières : antagonisme des nationalités, ostracisme religieux, discrimination raciale. Soudainement, toutes ces belles valeurs semblaient périmées. Accablée par l'impasse dans laquelle la séquestrait cette insolente modernité, Mademoiselle sentait monter le vertige de l'isolement.

Elle avait toujours cru en son ingénieuse mécanique, mue au rentable mouvement perpétuel des initiatives féminines aiguillées par les successifs interdits de jeux amoureux, qui pendant si longtemps lui avait permis de rouler carrosse.

Près de quarante ans s'étaient écoulés depuis qu'elle avait saisi les rênes d'une diligence versée dans le fossé, l'avait remise sur la route puis transformée en un véritable char d'apparat, attelant à sa traction les montures apeurées que chaque chapitre de son époque prétendait vouer à l'abattoir. Maintenant tous ses attelages avaient déguerpi, l'abandonnant elle, Maréchale Éloïse, à pousser seule cette carriole aux essieux rouillés.

Parmi ses neveux et nièces, six travaillaient avec elle dans l'établissement familial. Par le placard à double fond de l'Alcôve de la Lune, cette nouvelle génération fut convoquée un soir pour une réunion solennelle. Ils grimpèrent un à un l'escalier deux quarts tournant, puis l'échelle meunière, pour rejoindre leur tante autour de la table ronde de la Coupole. La P'tite et Edmond y avaient accroché une photo de leur père, datant de l'âge d'or des Amoureux des deux langues. C'était la seconde fois que l'espace était occupé.

À court d'idées neuves, la belle dame leur annonça qu'elle lançait la serviette. Tragédie pire encore que la disparition de ses deux parents, l'éternelle charmeuse devait se résoudre aux funérailles de l'illustre bâtisse. Complice pendant six décennies des badinages grivois, désormais victime de la modernité, l'édifice néo-roman serait bientôt démoli et le terrain, vendu.

Des six petits-enfants d'Octave, seul le fils d'Edmond osa faire appel du verdict de sa tante.

Maurice
et la 3ᵉ coupole

MOITIÉ POUR MARS, MOITIÉ POUR VÉNUS

Dessinateur de mode de vingt-sept ans et très tôt divorcé de la mère de ses deux enfants (l'ex-épouse évoquant pudiquement un problème de personnalité), Maurice Foulanault avait connu les studios de confection de Panama et de Bangkok, puis les troupes de ballet de New York, dont il créait les costumes. Cosmopolite raffiné, il avait réintégré la famille comme responsable de la décoration. Malgré leurs moqueries sur sa conversation maniérée et ses foulards de soie, il savait merveilleusement convaincre ses cousins. Sous les lattes de cerisier de la Coupole, dont le dôme acoustique adoucissait encore plus son phrasé toujours mielleux, le brillant exposé du neveu prodigue marqua un point tournant dans l'odyssée familiale.

— C'est clair que notre époque, avec son obsession de la croissance, valorise la natalité. La société ne peut donc plus rejeter ceux et celles qui peuvent y participer, peu importent leurs origines, concédait-il devant l'évidence. Par conséquent, le prochain gisement à exploiter ne peut être que celui de l'impossible procréation. Je parle bien sûr des relations entre filles, ou des amours entre garçons.

Les autres protestèrent, non par pudibonderie, eux qui avaient tous grandi dans l'éloge du marginal, mais par incertitude devant la possibilité de rameuter cette faune qu'ils connaissaient mal. Cependant, quelle alternative les sauverait de l'effondrement définitif? Plus ou moins convaincue, Éloïse abdiqua finalement devant l'assurance de son neveu, à qui elle céda son trône. Mademoiselle se sentait soulagée d'une chose : elle ne règnerait pas lors de la disparition de l'édifice. La couronne était dorénavant sur la tête de Maurice Foulanault.

À vrai dire, ses cousins connaissaient mal cet original, perdu de vue durant ses séjours à l'étranger. Ils découvrirent vite, au-delà du fol collectionneur de foulards, le visionnaire dont la maisonnée avait tant besoin. Son père Edmond lui fila un contact précieux : Madame Gravel, qui pilota le dossier vers son frère, dirigeant de la Banque Canadienne Nationale. LA bonne idée de Maurice y trouva les fonds requis, lui permettant de restructurer l'édifice patrimonial en un aménagement repensé, se concentrant sur les tapis, draperies et autres broderies.

La surenchère souvent baroque de la nouvelle décoration devait moins à la spontanéité artistique du nouveau patron qu'à son art du subterfuge. Le foisonnement de couleurs disparates qui en émanait captait à un tel point le regard des rares visiteurs non-initiés (ouvriers des entreprises d'entretien ou fonctionnaires municipaux du service des taxes) que l'attribution remaniée des différents espaces s'en trouvait occultée.

L'accès sud conduisait maintenant à un bistrot-rencontre pour hommes, toujours doté de la scène où s'éclataient jadis les trompettes et naguère les poètes, et maintenant des chanteurs de galipettes. À l'autre bout, l'entrée nord était réservée aux femmes-aux-femmes, et donnait sur un collier de chambrettes aux noms tirés de la mythologie grecque : Sappho, Clito et Lesbos. Le corridor reliant auparavant les deux côtés fut muré à mi-chemin, et la grande Agora des huit couleurs partageait l'usage de ses journées — moitié pour Mars, moitié pour Vénus. Cette refonte, au tournant des années 1950, fut couronnée de succès : les deux moitiés du bâtiment, anciens vases communicants maintenant ligaturés, ne se désemplissaient plus.

S'y prêtait merveilleusement l'ambiance obscurantiste du régime de Maurice Duplessis, au pouvoir pendant cinq mandats. Hostile aux idées nouvelles (surtout venues d'ailleurs), pro-catholique autoritaire et résolument anti-syndical, le *Cheuf* de l'Union nationale était suspicieux de toute initiative menaçant les vertus de la Province, qu'elle vienne des *professeux* ou des *syndicaleux*. Pour protéger adéquatement le peuple de la perversion communiste, les ciseaux bien affûtés de son Bureau de censure des vues animées (l'organisme gouvernemental qui refaisait le montage des films étrangers, supprimant quelquefois même un simple baiser) ajustaient le projecteur de la cinématographie mondiale en versions « bien de chez nous ». Dénonçant une journée « le sexe pathologique » d'homosexuels notoires et pourfendant le lendemain « le péché contre nature » des amours entre femmes, l'inimitable orateur glorifiait la ruralité, ce terreau des grands principes et du petit catéchisme. Et il se méfiait de la grande ville, ce marécage nauséabond au confluent putride de la dépravation femelle et de la déviance sodomite.

Dans l'austérité du pavillon construit sur le toit du 399, l'autre Maurice suivait la comptabilité i-nat-ta-qua-ble de son père Edmond, qu'avait implantée un demi-siècle plus tôt son grand-père sur le conseil du chef de police. Et chaque soir à l'heure du chapelet, réunissant dans l'Agora ses cousins et cousines en un chœur de dévotion, ils priaient tous ensemble. Oui, devant un immense crucifix qu'encadraient d'un côté la photo du premier ministre et de l'autre la bannière de l'Union nationale, Maurice Foulanault priait tous les saints pour que son célèbre homonyme vécût éternellement.

Avec un tel dirigeant, de quelle publicité L'Interlope avait-il encore besoin ?

L'inlassable dénonciation dans les pages du journal *Le Savoir* de la situation des barbotes, lupanars et autres *blind-pigs* provoqua la mise sur pied d'un Comité de salut public. Et lorsque l'Escouade de la moralité des années cinquante s'attaqua à la fois à la corruption et à la prostitution, sa longue liste d'amitiés bien placées permit à L'Interlope de la Troisième Coupole d'échapper à la destruction presque complète du *Red Light*.

87

En plus d'un tirage en ébullition pour le journal, dont Maurice Foulanault était un fidèle abonné, les péripéties de la moralité publique lui permirent en bout de ligne d'être débarrassé de nombre de concurrents de bas étage[22]. Les poches pleines, Monsieur Mauricette (comme le satirisaient les persifleurs) invitait souvent le clan familial au Forum lors des séries finales auxquelles le Canadien et son « capitaine hivernal », Maurice Richard, participa dix ans de suite. Souvent en présence de Maurice Duplessis lui-même, se jouait dans ces finales la célèbre Coupe Stanley, que le capitaine du Tricolore souleva cinq années consécutives. Cinq années de file! La belle époque où le Québec se prénommait Maurice…

Montant par l'escalier deux quarts tournant à la fin de l'une des mémorables soirées qu'il organisait dans l'Agora des huit couleurs, Maurice figea net en posant le pied dans le bureau. Sur son pupitre, en une ultime communion avec la comptabilité i-nat-ta-quable dont il avait la charge, était affalé son père Edmond. Ce décès soudain vit le directeur du 399 mettre en berne sa personnalité extravertie durant de

---

22. La probité proverbiale des agents de la moralité permit jusqu'en 1955 à la Ville de Montréal de déjouer plusieurs complots voulant nuire au *Red Light*, ce fleuron de l'économie sociale. Cette troupe émérite combinait deux missions d'employabilité : maintien d'emplois sécuritaires pour les femmes dans les deux cents unités de cette grappe industrielle, et insertion professionnelle des jeunes filles déscolarisées. Mais la démarche avait surtout trois objectifs socio-économiques : protection des proxénètes, perception de pots-de-vin et développement de compétences dans le secteur des « agences de dissuasion ». En effet, nommé en 1946 à la tête de l'escouade qu'il devait réhabiliter, Pacifique « Pax » Plante fut deux fois renvoyé. Puis, menacé physiquement, il s'exila au Mexique pendant vingt ans.

longues semaines, jusqu'au jour des funérailles, où il reçut les condoléances de la faune colorée personnalisant la folle époque du Montréal des cabarets.

Un soir, il sortit se ventiler au Deep Café, qui lui rappelait ses années à Manhattan. S'y tenait une veillée littéraire du *McGill Daily*, qu'animait le phare de toute une fournée poétique, Israël Pincu Lazarovitch, alias Irving Layton[23], enseignant et animateur-radio. Il salua discrètement Maurice, qui venait de s'assoir dans un coin, se souvenant qu'il était lié à la famille de L'Interlope, où tant de jeunes juifs montréalais avaient jadis frayé.

Depuis cette époque, Lazarovitch avait largement dépassé les cercles de sa communauté d'origine pour devenir un poète reconnu à travers le monde. Signataire du recueil *A Red Carpet for the Sun*, il était un inspirateur des poètes de l'après-guerre et un incomparable découvreur de nouveaux talents. Le personnage qu'il s'était taillé portait pour certains l'auréole d'intellectuel irrévérencieux que l'on adore détester et pour d'autres, de prolifique écrivain de *l'autre moitié de la ville*.

À la fin du programme de cette autre mémorable soirée, la petite poignée d'amateurs de poésie tenant lieu de public se préparait à quitter les lieux. Mais la voix péremptoire du bourru maître de cérémonie intima l'auditoire à rester quelques minutes de plus. La raison ? Il fallait écouter un jeune diplômé en littérature livrer un extrait de vers à l'écriture ciselée.

L'assistance clairsemée reprit place, plus par crainte d'être foudroyée par les représailles oratoires qui faisaient la renommée de Layton-Lazarovitch que par réelle politesse envers le taciturne inconnu, qui cessa enfin de réviser fébrilement ses notes.

---

23. Avec cinquante recueils de poésie publiés et deux fois en nomination pour le prix Nobel de littérature (une fois face à Gabriel García Marquez), ce Juif d'origine roumaine est l'un des grands auteurs qu'ait produit le Montréal anglophone. Pas étonnant que tous les écoliers du Québec apprennent son nom dès la maternelle !

Cet idéaliste réservé, à l'inspiration tourmentée et au beau regard triste sous ses cheveux foncés (et qui n'avait, jusqu'à vingt-deux ans, à peu près jamais quitté le Québec), regrettait presque d'avoir accepté de se joindre au programme de ce soir-là. Même si vraisemblablement personne au monde ne retiendrait ensuite son nom, il articula craintivement les quelques lignes qu'il avait mis des mois à écrire :

> *Now Suzanne takes your hand*
> *And she leads you to the river*
> *She is wearing rags and feathers*
> *From Salvation Army counters*
> *And the sun pours down like honey*
> *On Our Lady of the harbour*[24]

Protégé par cette distinction entre interdit moral et vraie criminalité, Monsieur Mauricette consolida son audience malgré les soubresauts de la Révolution tranquille, sous laquelle l'homosexualité des deux sexes ne restait que semi-tolérée par le maire Drapeau. La passion horticole du premier magistrat le poussait à entretenir régulièrement des « coupes de moralité » sur le Mont-Royal avec, à la suite du débroussaillage des buissons servant de cachettes, un résultat prévisible : parmi les désemparés de toutes tendances, ceux des versions homophiles revenaient inéluctablement vers l'angle Saint-Laurent – Sainte-Catherine.

Les années soixante virent les cohortes du baby-boom imposer leurs propres valeurs, sillonnant sur le pouce des continents entiers pour

---

24. « Posant sa main dans la tienne / Suzanne vers le fleuve t'entraîne / Elle porte dentelle, et ces plumes / Trouvées au hasard des semaines / Le soleil tombe, ainsi que du miel / Sur Notre-Dame et sa chapelle » (version française par Gilbert Langevin).

revenir au bercail une fleur au chapeau et un quart d'once dans le sac à dos. Maurice en apercevait souvent une petite tribu se rouler quelques joints à l'angle du nouveau boulevard De Maisonneuve, en rigolant dans les fumées interdites. La nature criminelle de cette consommation l'excluait catégoriquement de l'immeuble Foulanault, proche de la marge, certes, mais loin de la pègre qui contrôlait la vente de drogue.

Il recueillait par contre les fugitifs des razzias policières tenues en vue de l'Expo 67, par exemple lorsque la police condamnait une brasserie « immorale » (lire : terrain de rencontres homosexuelles). L'édifice à Maurice restait donc seul en ville à accueillir toutes ces âmes pécheresses, pour les rediriger ensuite vers ses salles de « ballets » féminins ou de « chorales » masculines. Maurice avait intégré l'un de ces chœurs virils, moins pour ses dons vocaux que pour son regard d'acier et son sourire charmeur, qui faisaient craquer les incompris du siècle fréquentant la maison.

Parmi les amitiés interlopistes de « Mauricette », les personnalités excentriques ne manquaient pas. Comme Armand Larrivée, alias La Monroe, dont l'interprétation travestie de la grande Marylin animait les bars pour hommes. Ou encore Denise Cassidy, alias Baby Face, dont l'éponyme bar lesbien allait bientôt ouvrir près de L'Interlope. Quittant un jour le 399, Baby Face et La Monroe confièrent à Maurice :

— Avant longtemps, ta recette va alimenter la concurrence. Tu le sais comme nous : plus notre communauté tranche avec la norme, plus la police nous dérange de façon énorme, et plus tout ça nous arrange, sur la forme.

En effet, ceux qu'on appelait désormais *les gais* émigraient de l'ouest de la ville pour s'établir vers ce que « le troisième sexe » appelait le Village de l'Est, près de la nouvelle UQAM. Derrière les enseignes du Club 8116, du SkyLux ou de La Taverne Normand, les établissements de ce bientôt nommé *Village gai* bénéficièrent par ricochet des rafles de nettoyage précédant les Olympiques de 1976, et même après.

Les lesbiennes plutôt bohèmes ouvrirent Les Jours de l'Underground sur l'avenue Blais, les plus âgées restant fidèles à L'Éponge de Paris sur la rue Saint-André, et les plus jeunes investissant bientôt L'Exitoire sur Saint-Denis. Souvent suivies par la police[25], toutes se rejoignaient au StoreDrogue sur Sainte-Catherine et y fêtaient chaque année la Sainte-Valentin.

Un matin, Éloïse à son tour s'éteignit paisiblement, après plus de quatre-vingt-dix ans d'une vie bien remplie et dans la quiétude de savoir qu'un nouvel élan dynamisait l'institution à laquelle elle avait donné toute son âme… et un peu de son corps. Son neveu, empreint de la tristesse des funérailles qu'il arrangea dans la nef pleine à craquer des cultures du monde entier, prit un long moment à s'en remettre.

Pour chasser un peu sa déprime, il sortit dans le soir frisquet d'un vendredi du mois de mars, marcha sur le boulevard Dorchester puis remonta vers la salle du Gésu. Dans le soubassement néo-baroque de cette église catholique un peu particulière se tenait une nuit de la poésie

---

25. Divers faits de l'époque illustrent l'attitude conciliante des autorités envers la communauté lesbienne.

En 1967, armés de simples mitraillettes, les policiers interviennent au bar lesbien La Cave (rue Mayor, près de Bleury). Au péril de leur vie, ils y arrêtent dix-huit dangereuses criminelles trouvées au milieu de la piste de danse.

En 1968, la police interpelle courageusement une femme qui, à la télé de Radio-Canada, avait avoué être lesbienne. La clairvoyance du tribunal conciliera accès aux soins de santé et protection de l'enfance : cette mère de famille fut internée en psychiatrie, avec interdiction pendant quinze ans de voir sa fille.

En 1975, les Libéraux adoptent la *Charte québécoise des droits et libertés*, refusant d'y inclure l'inutile amendement du Parti québécois interdisant la discrimination sur l'orientation sexuelle. Hélas, le Parti libéral du Québec perdit le pouvoir l'année suivante, et l'article superflu fut adopté par les péquistes.

convoquée par Gaston Miron, l'auteur de *L'Homme rapaillé*, en une incantation à la prise de parole par la jeunesse auprès de laquelle il prophétisait que « mon pays, un jour j'aurai dit *oui* à ma naissance ».

Maurice se glissa dans la salle archibondée au moment où la foule moustachue et chevelue applaudissait un poète qui terminait ses vers fougueux sous les acclamations d'une jeunesse convaincue d'écrire l'Histoire. Puis Gaston, alias Miron le Magnifique, revint devant le public assis pêle-mêle devant lui pour inviter une jeune femme vêtue d'un sobre chemisier bleu foncé à venir souffler au microphone un texte dont assurément personne ensuite ne conserverait jamais le moindre souvenir :

Mais pour rentrer chez nous le soir
à l'heure où le soleil s'en vient crever au-dessus des ruelles
mais pour vous dire oui, que le soleil se couche oui
chaque jour de nos vies à l'est de vos empires
rien ne vaut une langue à jurons
notre parlure pas très propre
tachée de cambouis et d'huile

LE CARTEL DE L'ÎLE-ICITTE

Pour « l'édifice à Maurice », les années de prospérité se photocopiaient, comme pour les partisans du Canadien, les saisons de gloire à la fin des années soixante-dix. Dans tous les coins de la ville, les Montréalais sortaient de chaque long hiver en se préparant à deux incontournables tâches printanières : faire le ménage du garage et éliminer Boston[26].

Pendant que les bannières victorieuses s'enfilaient autour de l'écran indicateur du Forum telles les perles d'un collier, la métropole vivait des décennies de subtile transformation. Dans l'ancien quartier Saint-Jacques, dévitalisé par l'exode vers la banlieue, s'établissait une communauté gaie et lesbienne de plus en plus nombreuse à vouloir sortir du placard pour arriver à vivre normalement, au grand jour. Toute une vie urbaine refleurissait, s'étendant maintenant encore plus vers l'est : non seulement les *clubs* nocturnes, mais également une foule de petits restos, librairies et magasins divers annonçant (encore à mots couverts) l'orientation de leur clientèle.

Sur la petite rue Labelle, l'agence de voyage Destinations G/L offrait vers les États-Unis des destinations originales (Provincetown, Key West, San Francisco) ou, à l'inverse, desservait la clientèle étrangère s'identifiant au Village montréalais. Sur la rue Sainte-Catherine près de Saint-André, entre la boutique de vêtements Les Deux Dames et le magasin de décoration intérieure Monsieur-Monsieur, s'insérait la

---

26. Tout au long de cette décennie où le Tricolore emporta six fois la Coupe Stanley (dont quatre fois de suite), les Bruins de Boston alignaient certaines années de redoutables équipes à l'offensive dévastatrice, et projetaient partout fièrement diverses figures de leur pays. Par exemple, lors de dix-huit séries éliminatoires consécutives contre le Canadien entre 1946 et 1987, ils incarnèrent *chaque fois* un célèbre personnage de la culture américaine : le *Coyote* face au *Roadrunner*.

succursale montréalaise de la Boulangerie Gai-luron. Sur la rue Saint-Thimothée, la librairie anglophone Sisterhood ouvrit juste en face du Théâtre des Feluettes.

Soucieux de fédérer tous ces petits satellites à son bénéfice, Foulanault tenait au début de chaque semaine des soirées culturelles qui présentaient des œuvres intéressant sa clientèle. Comme ce fameux mardi de mars où il invita l'auteure Jovette Marchessault à venir discuter de sa *Chronique lesbienne du moyen-âge québécois*. Une façon comme une autre, pensait Maurice, de prolonger la chronique de l'âge d'or de L'Interlope.

À la fin des années 1980, Foulanault était au faîte de sa renommée, auréolé par « la communauté » pour son rôle de précurseur. Consulté par les universitaires, interviewé à la télévision, encouragé à rédiger sa biographie, il était devenu un mentor incontournable pour tous ces carrefours de rencontres ayant poussé comme des champignons.

Comme le très européen complexe Le Copenhague, multi-étagé gai/lesbien qui reprenait en fronton un célèbre graffiti de la capitale danoise (*Heteroer bruger prævention; og bøsser, fantasien!*[27]), dont l'androgyne gestionnaire, Jørgen Vestergård, tenait au double aspect de son allure autant qu'aux deux lettres scandinaves que comprenait son nom.

Depuis longtemps, Monsieur Mauricette vivait en gai ses relations intimes comme ses amitiés, tout en maintenant un large cercle de contacts avec des gens de toutes catégories. En plus de fréquenter ses dizaines de cousins et cousines et leurs familles, il avait aussi doucement repris contact avec son fils et sa fille. Le premier vivait en Australie, et la seconde à Laval-des-Rapides avec ses trois enfants. Comme le voulait la tradition, toute cette peuplade pêchait dans les eaux des devinettes et des rimes, des mots croisés et des anagrammes.

La fille de Maurice fut donc rapidement initiée à la double lecture de la devise de l'Agora — *Plus très chaud, l'air divin jouera des tours...* — et s'occupait désormais de la comptabilité i-nat-ta-qua-ble de

---

27. « Les hétéros utilisent la contraception ; et les gais, l'imagination ! »

l'entreprise, par laquelle elle retrouvait enfin un père longtemps absent (avec la pléthorique parentèle en arrière-plan) pendant que lui découvrait, auprès de ses petits-enfants, son côté grand-père. Les priorités de Maurice changèrent peu à peu, chez lui à Pointe Saint-Charles, quand les samedis il commentait à voix haute à l'aînée sa lecture du journal *Le Savoir* tandis que les deux plus jeunes dessinaient au crayon de cire en mangeant des biscuits. Ou au fil des après-midis dans les aires de jeux du parc Lafontaine, dont il découvrait les allées d'un autre œil, lui qui y était si souvent venu le soir, en d'autres contextes.

Persuadé par sa fille, il entreprit bien tard de soigner sa santé, atteint d'un mal encore mal connu qui enchaînait des infections de toutes sortes. Il sentait que ses jours étaient comptés, ce qui ne l'avait jamais dérangé auparavant, lui qui depuis quarante ans brûlait la chandelle par les deux bouts au cours des nuits folles que le Village offrait en permanence. Le préoccupait davantage l'avenir de L'Interlope, qui sortait de triomphantes décennies grâce à la persécution d'intensité variable ciblant gais et lesbiennes. Cette bienvenue discrimination était-elle en péril ?

Comme jadis Éloïse attelant à sa charrette les amours interethniques, et naguère Octave embarquant sur son pont les Amoureux des deux langues, Maurice avait relancé l'entreprise familiale puis tout un coin de la ville. Et à chaque vague de répression policière[28], le Village

---

28. Dans la défense de la sécurité publique, nos policiers s'illustrent de nouveau en 1977. Équipés de simples tenues de combat et d'armes lourdes empruntées à l'armée (utilisées lors du débarquement de Normandie contre les armées hitlériennes), ils arrêtent d'un seul coup deux cent vingt adeptes de l'immoralité, outrageusement attablés rue Stanley dans trois bars gais : le Mystique, le Rocambole et, surtout, le TruXX.

Transportés en quartier de détention, cent quarante-cinq des dangereux suspects furent tous ensemble alignés, penchés mains au mur et pantalons baissés, pendant que nos fins limiers les examinaient chacun « en détail », étayant un solide dossier de preuve vers leur procès pour « grossière indécence ».

gai se renforçait encore un peu plus. Sur la rue Sainte-Catherine se cimentait une nouvelle identité locale.

La providentielle étroitesse d'esprit de la société avait été pendant des années le charbon de sa locomotive Commandant Maurice, à laquelle s'était accrochée, sur les rails de la semi-tolérance, toute une ribambelle de wagonnets qu'il aiguillait vers les quais toujours en fête des gares de l'Homophilie. Cependant, un obstacle au travers de ce réseau ferroviaire menaçait maintenant de faire dérailler tout le convoi.

Car derrière les honneurs qui se bousculaient à sa porte, il discernait un peu tard le piège de l'acceptabilité sociale, cette plaie risquant à terme de repousser la clientèle vers ses banlieues d'origine. Il fallait réagir, et vite !

Sous la fresque emblématique de l'Agora des huit couleurs, le doyen réunit en secret tous ses concurrents. Devant les huit portes épelant leur alphabet de teintes, vinrent s'assoir dans cette mairie improvisée les colorés échevins du Village informel, vêtus à la mode de l'époque. Devant les accès surnommés *bouleau jaune*, *chêne blanc* et *épinette noire*, et portant comme seul bijou une épingle à couche au revers du col, prirent place trois flibustières aux cheveux courts, sauf pour la longue mèche asymétrique que chacune coiffait d'un angle distinct : les gérantes des Jours de l'Underground, de l'Éponge de Paris et de l'Exitoire.

À l'autre extrémité, vis-à-vis des battants baptisés *orme rouge*, *pin gris* et *sapin bleu*, vinrent s'assoir trois corsaires de la gaité, culturistes abonnés aux gymnases de la rue Ontario et portant chacun une casquette de modèle original : les directeurs du SkyLux, de la Taverne Normand et du Club 8116. Côte-à-côte au milieu, alignés aux portes dénommées *érable argenté* et *frêne vert*, les gestionnaires du Copenhague et du StoreDrogue : Jørgen, plus que jamais ambigu, et Mary-Jo en lezbo-séparatiste style cuir, la chevelure rose coupée en brosse.

Debout sur le plancher de marbre, dans son rôle de maire *de facto* de ce conseil municipal clandestin, leur faisait face nul autre que Mauricette lui-même, paré de son foulard le plus extravagant. Solennel, il ouvrit la session de cet inédit forum villageois par ces mots :

— Si malgré nos rivalités nous sommes en solidarité ici aujourd'hui, c'est pour contrer ce monstre de la normalisation. Voilà l'adversaire, voilà l'ennemi…

Ce quatorzième jour de février, les rivaux constituèrent le Cartel de l'Île-Icitte, dans lequel chacun des comploteurs promit de s'impliquer dans tel ou tel type d'actions. Pour tout héroïque, leur engagement présentait bien sûr un risque élevé de dénonciation. Ce qui rendait impératif dès cet instant l'usage de noms codés, puisés aux différentes essences de bois des huit portes devant lesquelles étaient assis les truands.

Ajustant sa longue mèche à gauche du visage, Bouleau jaune se leva la première :

— J'ai toujours aimé écrire. Je m'occuperai de rédiger des lettres aux journaux, qui adorent le fumet de la controverse[29].

Chêne blanc se tourna spontanément vers Épinette noire. D'un clin d'œil, ces deux autres lesbiennes-à-mèche s'entendirent pour se charger ensemble des nombreuses stations de radio :

— Stations privées, publiques, communautaires… Avec une vingtaine d'émetteurs à Montréal, on ne sera pas trop de deux pour noyauter les émissions de ligne ouverte.

Calant sa casquette aux trois-quarts sur le côté, Pin gris entra à son tour dans la danse :

---

29. Saluons sur ce sujet le courage du *Groupe Jean-Coutu*, humble association sous-capitalisée, qui interdira pendant un temps la vente du périodique *Fugues*, ce magazine gai publié dans le Village par un empire de presse omnipotent. David contre Goliath ! Rappelant les valeurs familiales de ses étalages, la direction du groupe expliquera vouloir « éviter que les enfants ne se sentent agressés à l'entrée de leurs pharmacies ».

— J'avais prévu donner ce printemps, dans les chambres de commerce, une série de conférences sur l'informatisation des entreprises, que je pourrai facilement assaisonner à la sauce homophobe.

Les deux autres gais-à-casquette, Orme rouge et Sapin bleu, s'associèrent dans une démarche de lobbyisme auprès des élus. Frêne vert s'autoproclama responsable d'infiltrer les corporations professionnelles. Et sous sa chevelure grisonnante, le bien-nommé Érable argenté promit d'influencer ses innombrables contacts au sein des réseaux de télévision.

— Si vous le permettez, je me chargerai de la coordination de tous vos efforts, conclut, à l'assentiment général sous le plafond de son Agora, nul autre que Huit couleurs lui-même.

Dans sa vie privée, Maurice goûtait chaque occasion de trimbaler sa descendance à travers la ville. Comme cette mémorable soirée de juin 1993 au Forum, où il assista avec son trio de petits-enfants en uniforme bleu-blanc-rouge à la conquête d'une vingt-quatrième Coupe Stanley. Quelques jours plus tard, il mena ses trois champions par l'escalier deux quarts tournant menant au pavillon administratif du 399. Depuis la grande terrasse sur le toit, les deux plus jeunes envoyaient des bulles de savon à travers la balustrade de fer forgé vers le défilé des vainqueurs qui passait juste en bas, sur la rue Sainte-Catherine.

— Depuis 1916, on gagne la Coupe une fois tous les trois ou quatre ans, en moyenne, rappela le grand-papa à sa plus âgée, une ado de treize ans à la chevelure crépue et qui portait déjà le CH tatoué sur le cœur. Aussi bien dire que dans votre vie, vous verrez encore bien des parades de la Coupe Stanley sur la Catherine! Peut-être sept ou huit fois dans les prochains trente ans!

Partisane bleu-blanc-rouge sans compromis, la petite-fille aînée se passionnait également pour les grandes causes politico-sociales, comme par exemple les préparatifs de la grande marche *Du pain et des roses*, réclamant des mesures concrètes contre la violence et la pauvreté[30]. Extirpant de L'Interlope son grand-père un peu réticent, elle le convainquit d'aller ensemble applaudir Françoise David, qui encourageait les marcheuses amorçant comme elle le long périple à pied vers la capitale. La présidente de la Fédération des Femmes du Québec (et future cofondatrice de Québec solidaire), qui aimait ponctuer ses dénonciations contre toutes les violences de quelques adhésions « à la séduction et l'érotisme, et au plaisir de *fleureter* », conclut devant Maurice et sa descendante une brève allocution en entonnant la chanson thème du mouvement, reprise en cœur par la foule toute entière :

> *Du pain et des roses*
> *Pour changer les choses*
> *Blanches, blondes et brunes*
> *Nous voulons la lune*
> *Rousses, grises et noires*
> *Nous parlons d'espoir*

Les membres du Cartel de l'Île-icitte entreprirent d'appuyer les groupes de pression les plus conservateurs qui s'opposaient au mariage gai. Cette guérilla d'influence débuta à l'avantage des conjurés qui, à

---

30. Sous un argumentaire plutôt mince (revenu moyen des femmes atteignant presque 75 % de celui des hommes, chômage limité à 13,2 % avec à peine deux tiers des familles monoparentales vivant dans la précarité), cette mobilisation formulait neuf revendications principales. Si certaines furent accordées, l'expertise du Conseil du patronat réussit au moins à bloquer la plus dommageable pour le budget des familles : hausser le salaire minimum au niveau du seuil de pauvreté.

l'approche du référendum de 1995, savaient manipuler une opinion publique préoccupée par un autre grand débat.

Les acolytes travaillaient encore plus efficacement en duo qu'en solo. Pseudo-journaliste indépendante, Bouleau jaune publia dans les journaux plusieurs reportages sur les conférences de Pin gris dans les chambres de commerce, mettant en garde les décideurs économiques contre l'instabilité que provoquerait la reconnaissance légale des couples homos ou lesbos.

Sapin bleu réussit à inviter plusieurs députés au *Radiothon des valeurs familiales*, animé par Épinette noire sur les ondes de Radio-Poubelle.

Présentée par Érable argenté comme experte scientifique, Frêne vert fût régulièrement invitée à la télévision au sujet des bienfaits des nouvelles hormonothérapies de conversion.

Cette dernière était tout un numéro. Fille d'un pharmacien de Pointe-aux-Trembles, Marie-Jocelyne Lecavalier suivit un moment ses traces dans l'officine, avec tout l'ennui que prescrit la profession. Elle venait d'acheter un bungalow à Rivière-des-Prairies avec son mari, lorsque sa trajectoire dévia après une relation adultère avec un architecte tunisien. Sitôt divorcée, sitôt remariée, Madame Lecavalier devint Madame Al Khaïli, copropriétaire d'un triplex rue Laurier Est tout en suivant assidument des cours d'arabe à l'Université Concordia. La vétuste plomberie de leur nouvelle propriété suggérait bien quelques réparations urgentes, mais on fera tout ça tranquillement d'une semaine à l'autre, non ?

Les fréquentes absences professionnelles de son nouvel époux étant loin de la combler, Marie-Jocelyne fréquentait un groupe communautaire rue Berri, derrière une discrète façade de briques jaunes et ambrées à l'angle de la rue Bibaud. Le Centre des Femmes du Quartier lui offrit de s'inscrire à une série d'ateliers du groupe du mardi : d'abord « Se découvrir », puis « Se ressentir », enfin « Se reconnaître ». C'est lors d'une danse-bénéfice au profit de l'organisme qu'elle compléta sa métamorphose : timide apothicaire de banlieue, la jeune Marie-Jocelyne devint Mary-Jo Al Khaïli, l'une de ces féministes radicales, appellation codée des militantes saphiques.

Récemment intronisée experte à la mode, elle était sollicitée de toutes parts, même par son ancien deuxième mari — qui continuait de l'appeler Marie-Jocelyne, comme si de rien n'était. Monsieur Al Khaïli respectait le nouveau choix de vie de son ex, mais insistait régulièrement pour qu'elle fasse sa part dans le nécessaire remplacement de la robinetterie des trois logements dont ils étaient toujours propriétaires ensemble, près du parc Laurier. Et chaque fois, elle promettait de mettre sa torche à souder au programme d'entretien qu'elle débuterait le mois suivant.

Les premières manœuvres du Cartel avaient réussi à décomplexer les milieux souhaitant de nouveau confiner gais et lesbiennes au placard de l'invisibilité. Pour la première joute de cette série sur terrain médiatique, l'intolérance revint spectaculairement dans le match, qui se termina sur un score inattendu : Homophobie 1 – Homophilie 0.

Le SkyLux et L'Éponge de Paris en perçurent les premiers dividendes, réussissant une grande soirée conjointe pour le lancement d'une campagne spéciale du Centre Gai-Écoute, mobilisé pour alerter la communauté de ce soudain revirement de l'opinion publique. Le Copenhague et Les Jours de l'Underground préparèrent ensemble un Festival de la résistance, et virent doubler durant de longues semaines leurs affluences habituelles. Baromètre séculaire des marginalités, la comptabilité i-nat-ta-qua-ble du 399 indiquait au fil des mois une hausse durable de sa fréquentation. Cela faisait longtemps que le tiroir-caisse n'avait pas été aussi dodu !

Recevant dans son antre les rapports secrets de ses commandos codés, Huit couleurs jugea que sa fricassée, déjà bien apprêtée, était à point pour être nappée de la sauce qu'il avait personnellement concoctée d'un irremplaçable ingrédient : l'argent. Pour réussir la recette, le chef-cuisinier convoqua ses deux derniers marmitons, les plus hardis de la meute, pour l'entrée en scène de Monsieur et Madame Toulmonde, ce couple de personnages imaginés par lui pour financer en secret les associations ultraconservatrices les plus zélées.

Faisant de gros efforts pour délaisser son image de *fifi de la Catherine*, Orme rouge demanda conseil à ses trois éminents confrères. Ceux-ci se mirent d'accord pour « faire ça simple » : ils lui retirèrent sa casquette et l'envoyèrent chez Sauvé & Frères sur la Plaza Saint-Hubert, dont il ressortit avec un magnifique complet à carreaux, lui donnant un aspect nettement plus mononcle, renforcé par le maintien permanent de ses clés de char dans la main droite. Son remodelage en hétéro fut vite complété.

Pour son rôle d'épouse, Chêne blanc convoqua ses trois sœurs d'orientation pour l'aider à choisir quel stéréotype de femme hétéro la débarrasserait le mieux de son éternelle allure de *butch* en salopette. Mais prendre la bonne décision requérait pour la lesbianitude plus de temps que pour son pendant masculin. Après un tour de table de « ressenti réciproque » suivi d'une évaluation technique à minutage égal, le quatuor lesbien opta pour une séance d'imagerie tenue sur le thème des jeux de rôle :

— Pour jouer une authentique Madame Hétéro, j'avais pensé prendre le personnage de La Déboussolée, commença Chêne blanc. Vous savez, celle qui se perd tout le temps à Montréal en magasinant entre les adresses est et ouest, au point d'appeler le 911 pour venir la rescaper du centre-ville…

— Un peu facile à mon goût, rétorqua Épinette noire. Pour passer pour une parfaite cocotte hétérote auprès des mononcles, tu n'as qu'à mémoriser les répliques de La Nulle-en-sports ; celle qui, voulant appuyer son mari dans la partisannerie sportive, espère que l'attaque à cinq puisse, sans écoper d'un carton rouge, réaliser un double-jeu sur un botté de placement.

— Pas mal trop compliqué pour moi, observa Bouleau jaune. Pour être une vraie bobonne-à-son-bonhomme, pourquoi ne pas simplement jouer La Cruche ? Comme cette mère de famille qui croit bien faire en rangeant dans sa voiture le *set de drums* de son fils, après que son mécanicien lui eût recommandé, avant de prendre la route, de toujours bien charger la batterie !

Abattant ses cartes la dernière, Frêne vert remporta la mise, déclenchant un formidable éclat de rire parmi la sororité réunie ce jour-là :

— Pour vraiment passer inaperçue, au lieu des archétypes plus ou moins courants, on pourrait t'arranger un personnage encore plus nounoune-à-son-mari : Le Sapin-de-Noël.

Elles magasinèrent d'abord à la Place Versailles quelques robes aux ceintures juste assez démodées, assorties d'une parfaite coupe matante qui transforma la rousse naturelle en fausse blonde, prête à passer entre les mains de ses trois esthéticiennes.

— Pis tourne le visage de bord... parfait... comme ça..., ordonnait doucement Épinette noire, un crayon de maquillage à la main.

— Pis tourne maintenant de l'autre bord... juste encore un peu... bouge plus, poursuivait Bouleau jaune, préparant un faux-cil dans la paume de sa main.

— Pis tou'ne d'un bord, pis tou'ne de l'autre..., ricana Frêne vert. Ben, tant qu'à pitouner, les filles, pitounons au max !

Elles *pitounèrent* effectivement au max, l'une redessinant la ligne des sourcils, l'autre choisissant les faux-cils, la troisième, le fard à paupières. Ruban dans les cheveux et chou au chignon, la sculpture prenait forme. Mais en limitant à cinq les nuances de rouge à lèvres, et à huit les couleurs de paillettes illuminant les joues.

Bracelets d'amitié aux poignets, aux couleurs assorties à ceux des chevilles, Chêne blanc se pratiqua, malgré le handicap de ses nouveaux faux-ongles, à enfiler ses sept bagues chacune dans le bon doigt et à enrouler son double châle sans cacher ses trois colliers. Rapidement, elle apprit à accrocher seule ses six broches de faux-diamants et ses quatre paires de boucles d'oreilles. Ployant sous le poids de toute cette quincaillerie, Le Sapin-de-Noël se fit malheureusement une double entorse aux pieds. Quelle témérité aussi, de vouloir en plus porter des talons aiguilles…

Une fois remise, la fausse Madame Duchêne put rejoindre le pseudo Monsieur Delorme. Ils pratiquèrent de longues heures à marcher ensemble sur la rue, Madame trottant toujours deux ou trois pas derrière son homme, pour le rattraper par le bras. Combinant les contacts de tout le Cartel, le super-hétéro couple Delorme-Duchêne infiltra ainsi facilement les quatre ou cinq regroupements homophobes les plus virulents, qu'ils financèrent copieusement via une liste de prête-noms. Dans l'ombre, Huit couleurs comptabilisait en signes codés les montants transitant chaque semaine vers tel ou tel ramassis d'arriérés, manipulés par les diatribes de ce nouveau couple d'activistes à la personnalité si naturelle.

Brillamment menée, la stratégie donna de bons résultats dans les batailles politiques autour du mariage gai, « ce traître complot des Khmers roses » voulant forcer la prévalence de l'agenda homo/lesbo. Lors du vote final au Parlement fédéral en septembre 1995, réunis dans l'Agora des huit couleurs pour suivre en direct le décompte des votes au débat parlementaire, les membres du Cartel avouaient ne jamais avoir été aussi nerveux depuis la fameuse demi-finale contre les Bruins de Boston en 1979. Portant fièrement le chandail à rayures roses et bleues des partisans hétéros, les neuf restèrent sur le bout de leurs sièges pendant les dernières dix minutes du match, leur cinquième bière à la main. Tous exultèrent de joie au coup de sifflet final, qui maintenait l'exclusivité du mariage aux unions papa-maman.

Par l'effet domino inversé prévu en début de saison, cette belle victoire de l'Homophobie entraîna la mobilisation du Village tout entier, ce mauvais perdant dans la défaite arc-en-ciel. Chaque jeudi, un immense Défilé-bénéfice anti-homophobe mené par Mado Lamotte reliait l'Exitoire à la Taverne Normand, en passant par le StoreDrogue et le Club 8116 ; débordantes, les terrasses devaient refuser du monde. Pendant de belles années de vaches grasses, les lieux festifs du Village dépassaient chaque soir leur capacité d'accueil… et remplissaient leurs goussets.

Chaque été lors de la Fête de la Fierté, les neuf membres du Cartel défilaient sur la rue Sainte-Catherine sous leurs parasols aux couleurs villageoises : les trois lesbiennes-à-mèche, flanquées des trois gais-à-casquettes, avec au centre de l'équipe « le gros trio » StoreDrogue-Interlope-Copenhague. Les neuf se joignaient ainsi à la population du quartier pour l'émouvant Serment d'Émergence, qu'ils récitaient à pleins poumons, une main levée et l'autre sur le cœur :

— Nous jurons à jamais de faire tous les efforts pour contrer l'Homophobie. Nous jurons à jamais de défendre notre communauté contre les discriminations de toutes sortes. Mais surtout, surtout, surtout, nous jurons à jamais de contrecarrer de toutes nos forces ce qui dégrade le plus la personne humaine : les stéréotypes.

LA BRIGADE GUIDOUNE

Gagnant ses batailles sur la scène fédérale, le Cartel oubliait de garder un œil derrière lui. En effet, sous les fourbes discours de la social-démocratie dominante, le gouvernement québécois puisait sans vergogne dans les fonds publics pour favoriser les groupes opposés à l'Homophobie. Le coup de grâce à la stratégie du Cartel fut asséné par la *Loi instituant l'union civile*, adoptée par les péquistes pour permettre aux conjoints de même sexe d'officialiser leur relation. Indépendantiste assumé, Foulanault fulminait :

— MON gouvernement ! MON parti ! Le coup de poignard dans le dos ! Et avec l'accord du fédéral, en plus !

La loi entraîna en cascade l'Assemblée nationale dans un déluge de mesures favorisant ces nouvelles familles : fécondation in vitro pour les unes, adoption facilitée pour les autres. Des pans entiers de notre cher Québec tombèrent un à un dans les tristes fossés de la tolérance, de l'acceptation de la différence et de la normalisation. De ce réalignement des conditions météo, certains membres du Cartel espéraient bénéficier, comme soufflé par une douce brise de suroit, d'un achalandage accru généré par la tolérance publique. Ils déchantèrent vite face aux bourrasques d'un imprévu vent de nordet, qui refroidit les habitudes de leur clientèle. Car dans les médias branchés, la société de consommation roulait soudainement à pleines campagnes promotionnelles pour capter le longtemps souterrain marché gai et lesbien : partout le militantisme d'antan se recentrait sur le consumérisme, tout en délaissant les lieux de drague locale ou de fêtes torrides, témoins d'une époque révolue.

Sur la rue Papineau, les policiers du poste 22 se désolaient eux aussi de la domestication accélérée du quartier, qui préfigurait la fermeture appréhendée du poste et le transfert des effectifs. Terminées les amusantes descentes préventives dans les bars gais, à la *pêche aux tapettes*! Finies les juteuses heures supplémentaires près des clubs pour femmes, à la *chasse aux lesbasses*! Pour éviter la dislocation de leur poste, leur syndicat exigeait la reprise des fonctions répressives classiques, à l'image de leurs confrères des autres quartiers de la ville. En commençant par celle de la prostitution « normale » des filles de rue et de leurs clients hétéros, ce qui supposait le rétablissement d'une Brigade des mœurs « normale ». Mais comment rebâtir cette compétence, depuis longtemps oubliée par les effectifs policiers du Village?

— Plus très chaud, l'air divin jouera des tours…

Dans leurs réunions, les malfrats aux noms codés répétaient sans le comprendre l'historique anagramme du plafond. Que se passait-il qu'ils ne saisissaient plus?

Trop tard. Déjà, la vie du Village battait de l'aile. Le fameux SkyLux, jadis destination prisée des touristes ontariens, dut céder la place à une méga-garderie. Les couples de barbus y déposaient le matin leurs bambins avant de courir au boulot, pour les reprendre au retour, épuisés par l'impossible conciliation travail/famille. Le Club 8116, auparavant célèbre d'Oulan-Bator à Pierrefonds, n'abritait plus que les mornes bureaux de conseillers en finances familiales. Pionnier des folles nuits d'antan, La Taverne Normand devint un magasin de poussettes fermant à l'heure des banques.

Côté femmes, rien pour compenser. L'Exitoire décrocha la première son enseigne, ouvrant plutôt un commerce de vêtements pour bébés. Conservant son nom, L'Éponge de Paris devint un bazar d'articles ménagers, et Les Jours de l'Underground, un ennuyant club d'allaitement. Enfin, consacrée « Lesbienne de l'année » au Gala TVA de l'Homophilie après avoir annoncé avec sa conjointe être enceinte de triplettes à l'âge de quarante-huit ans, Mary-Jo Al Khaïli, l'ex-guerrière *lesbik* du StoreDrogue, mit la clé sous la porte de son carrefour de rencontres saphiques.

— Il est temps de passer à autre chose, résuma-t-elle à la revue *L'actualité* en rajustant son chignon blond et son tailleur fuchsia, la veille de son déménagement à Mascouche, où elle racheta une franchise de Familiprix.

Pendant vingt ou trente ans, l'ex-apothicaire redevenue pharmacienne ne se déplaça en ville qu'à contrecœur, maugréant contre la lenteur du trafic. Elle y allait trois fois par année, serpentant au travers des cônes orange pour rejoindre son ancien deuxième mari pour un café Aux Entretiens, rue Laurier Est. Chaque fois, elle lui promettait son imminente participation « aux entretiens » de leur triplex. Discutant en arabe tunisien des différents modèles de chauffe-eau chez Réno-Dépôt, elle promettait de bientôt monter au troisième étage un modèle neuf destiné à remplacer celui qui coulait de rouille dans le salon double d'en-dessous.

Maria-Virgem Da Exaltação, jeune employée administrative du Service de police de la Ville de Montréal, combinait cet emploi avec ses cours du soir en techniques policières. À l'adolescence, danseuse de samba dans une troupe de carnaval au Brésil, elle avait délaissé son flamboyant costume de huit centimètres carrés de tissu en émigrant au Québec avec toute sa famille. Confrontée au double choc culturel et climatique à son arrivée à Ville Lasalle, elle avait d'abord étudié avec succès en techniques comptables au Cégep André-Laurendeau.

Avec la foi des convertis, la néo-québécoise trima si dur qu'à l'âge de vingt-deux ans, elle décrocha un second diplôme, étant reçue policière. Elle sortirait enfin de l'ennuyeuse routine du Service de la paie du SPVM, pour enfin aller sur le terrain. Mais dans quelle affectation ? Son supérieur, qui depuis son arrivée s'était astreint chaque jour à observer la jolie Sud-américaine (de face et de profil, mais surtout de dos), lui présenta une « offre d'affectation » venant du poste 22.

Le chef convainquit Maria-Virgem qu'au-delà de ses indéniables mérites académiques, avec son inégalable chute de reins, elle avait tout à fait le physique de l'emploi pour contribuer à la résurgence de la Brigade des mœurs au poste de la rue Papineau. Court-circuitant le processus habituel d'entrevues, sa candidature fut immédiatement retenue « sur photos » pour redonner vie au moribond service.

Pendant dix ans, la sergente Da Exaltação fut la joueuse étoile de la « Brigade guidoune », prenant au piège les clients du plus vieux métier du monde. Tous ses collègues venaient faire un tour au poste les vendredis soirs où elle se mettait en uniforme : bas-filets mauves sous la micro-jupe, bracelets clinquants et ongles dorés, collier en cœur dans un décolleté plongeant… Avec quatre collègues en embuscade dans des voitures banalisées, chacune de ses sorties rapportait une pêche miraculeuse. Reconnaissants envers leur nouvelle égérie, ses collègues lui attribuaient le mérite de la sauvegarde du poste 22. Jusqu'au jour où les tribunaux annulèrent certains articles de loi réprimant la sollicitation publique.

La brigade fut de nouveau démembrée, et la jolie policière à l'accent tropical dut ranger son attirail. Plutôt que le petit bustier à paillettes étincelant sous les lumières de la ville, elle endossait chaque jour le lourd gilet pare-balles et le ceinturon à pistolet, indispensables dans ses nouvelles fonctions d'archivage des enquêtes fermées. Malgré les conditions salariales, la jeune Brésilo-québécoise s'ennuyait à mourir.

Sauf dans son rôle de Papi-à-ses-chéris, Maurice n'était plus que l'ombre de lui-même. En quelques années, la situation de son établissement avait basculé. Monument classé sur le circuit des autocars touristiques, ses activités nocturnes étaient de plus en plus boudées par la vraie clientèle, celle qui auparavant sortait volontiers le portefeuille pour entrer dans l'édifice. Les revenus baissaient, et le déficit se creusait. L'entreprise perdait de plus en plus d'argent chaque mois.

    Habitué d'être entouré d'une nuée d'admirateurs, il se retrouvait désormais seul devant l'incompréhensible. Et il se sentait coupable envers sa fille, qu'il avait imprudemment laissée se rapprocher de lui. Par son aveuglement à ne pas prévoir les changements sociopolitiques de ce changement de millénaire, quelle image laisserait-il à sa descendance ?

    Diminué par l'échec autant que par la maladie, il se résolut, la mort dans l'âme, à tout abandonner. Il convoqua alors dans la Coupole, occupée pour la troisième fois seulement en cent ans, ses quatre cousines encore vivantes pour leur brosser un ultime plan diabolique. Il contracterait sur la valeur du bâtiment une assurance tous risques à l'entier bénéfice de sa fille, que ses cousines considéraient affectueusement comme leur semi-nièce. Puis resterait le plus délicat : contracter au sein des organisations mafieuses les talents nécessaires pour déguiser un gigantesque incendie criminel en un scénario du « pyromane inconnu ». Dans les flammes du brasier qu'il hallucinait, le neveu d'Éloïse visualisait un avenir assuré pour sa famille.

    Les cousines avouèrent leur grand malaise face à cette idée, elles dont la faible connaissance du milieu criminel venait de quelques rares soirées à jouer au paquet voleur. Mais après des heures de discussion dans l'acoustique dôme familial, où Maurice avait joint le portrait de sa tante Éloïse à celui du grand-père Octave, elles se laissaient une à une convaincre qu'avec leur disparition prochaine à tous les cinq, leur semi-nièce devait disposer de capital pour se refaire une vie.

    La Destinée joue cependant parfois quelques tours au Destin. Surgissant de l'échelle sous le dôme de la Coupole, la fille de Maurice surprit les séditieux avec le sinistre dossier étalé sur la grande table.

Sylvie
et la 4ᵉ coupole

LA DOUBLE TÂCHE

Doctorante de l'UQAM en Diversité culturelle et sociale, maintenant séparée de son mari africain et se considérant elle-même comme une pas-féministe-sauf-que, c'est assez tard que Sylvie Foulanault avait rallié le giron générationnel, dont elle avait pris quelques années pour mesurer les forces… et les faiblesses. Face à face autour de la table, deux visions se confrontaient. Sous les austères photos d'Octave et d'Éloïse, la mère monoparentale de trois enfants tint tête à son père (et, paradoxalement, avec la détermination héritée de lui) pour repousser le scénario catastrophe.

— L'avènement du mariage gai est inéluctable, résumait-elle posément, et le crépuscule de mille ans de rejet annonce évidemment la désuétude des sphères comme la nôtre, dont les familles homoparentales n'auront plus besoin. On s'entend là-dessus ? Bon…

Marquant, par une pause volontaire, la frontière entre le passé récent et l'avenir proche, Sylvie poursuivit son argument :

— Derrière les foyers à deux papas ou deux mamans, distinguez-vous les prochaines catégories de parias ? L'Interlope peut les héberger pour poursuivre sa noble mission et celle du Village tout entier. Du sang neuf ne ferait pas de tort, non ?

Elle-même parcourait souvent les sentiers tortueux de la bisexualité, avoua-t-elle devant les cousines de son père. Posément, elle leur énuméra sa liste d'épicerie pour gagner une nouvelle clientèle, puisée à la nouvelle diversité : bisex assumés ou travestis occasionnels, transsexuels par choix ou abstinents par défaut, intersexués approximatifs ou pansexuels complets, avec toute la palette de coloris intermédiaires dont elle ne pouvait réciter l'inventaire exhaustif sans reprendre son souffle plusieurs fois.

La voûte séculaire de la Coupole venait-elle de découvrir la pierre philosophale, qui transforme le plomb en or? Dubitatif, Maurice accepta au moins d'éteindre son frauduleux complot d'assurance-incendie. Il remit à sa fille les clés du portail pour se consacrer à temps plein à ses petits-enfants. Enfin appuyée par ce gardiennage inespéré, Madame Foulanault entreprit le réusinage du sanctuaire en réseautant patiemment les éparses composantes de l'évanescente nébuleuse des sous-minorités, que le lourd opprobre social binairo-normatif empêchait de s'afficher au grand jour[31].

Une difficulté venait de leur faible nombre, bien moindre que les larges effectifs des G.L.O. (gais et lesbiennes officiels). Une autre, de leur courte temporalité, certains individus arrivant à changer d'affiliation à maintes reprises sur une courte période : bi-trans, queer-bi, treerquans, etc. Par contre, la liste raccourcie des lieux du Village encore debout après l'hécatombe récente simplifiait les choses, car la nécessaire concertation économique se limitait à deux instituts : L'Interlope et Le Copenhague. Et pour cette double tâche, la reconversion entrepreneuriale n'était-elle pas la spécialité de la famille?

Sylvie proposa donc à Jørgen Vestergård de rebrasser les cartes en une nouvelle répartition de la clientèle. L'increvable château néo-roman des Foulanault se reconvertit le premier, en une cathédrale de

---

31. Dans la lutte contre l'incompréhension publique dont sont victimes les citoyens non-binaires, soulignons l'accueil empathique que manifestera en 2021 le gouvernement québécois de François Legault à la demande des personnes trans de voir figurer l'identité de genre de leur choix sur les permis de conduire. Toujours soucieux d'améliorer l'inclusion sociale dans le système de santé, les ministres de la CAQ proposèrent de lier cette option à une opération chirurgicale gratuite de changement de sexe. Hélas, les contraintes budgétaires empêchèrent la mise en place de cette offre humaniste.

la bisexualité « classique » dont les divers rites se répartissaient en une huitaine de chapelles, de presque homos à quasi-hétéros. Dans l'auguste construction du boulevard, chacune de ces peuplades se vit accorder créneau horaire et tranche d'espace, accessible par l'une ou l'autre des huit portes de l'Agora.

— C'est ce que j'appelle une VRAIE bonne idée! s'exclama le directeur adjoint à la Caisse d'économie des doctorants de l'UQAM.

Ne perdant pas de temps en longues analyses, il accorda à Sylvie le prêt-rénovations qu'elle demandait.

Pendant deux mois, elle coordonna les corvées de plâtre et de peinture dont chacun des huit itinéraires avaient besoin pour s'adapter. Sans oublier les exigences de sa vie privée bisexuelle, faisant la navette entre son amant à Longue-Pointe et son amante à L'Île-Bizard. Comme bien des femmes de sa génération, elle terminait ses semaines épuisée, fourbue par les contraintes de « la double tâche ».

Et Le Copenhague, ayant pigé toutes les autres cartes du paquet, accomplit une spectaculaire résurrection auprès des autres branches de la constellation LGBTTIQQCAAPNcNbVA2sDP[32] dont les changements répétitifs d'acronyme donnaient prétexte d'annoncer quatre fois par année la ré-inauguration du plancher de danse. Dans un infini dégradé de tendances, s'y retrouvaient les associations étudiantes de l'Université du Québec en Univers d'Équité/Égalité Réciproque

---

32. LGBTTIQQCAAPNcNbVA2sDP : « Lesbiennes, Gais, Bisexuel·le·s, Transgenres, Transsexuel·le·s, Intersexué·e·s, Queers, en-Questionnement, Curieux·se·s, A-sexuel·le·s, Allié·e·s, Pansexuel·le·s, Non-conformes, Non-binaires, Variables, Androgynosexuel·le·s, bi-Spirituel·le·s, Demi-sexuel·le·s, Polyamoureux·ses ».

Développé tant bien que mal avec les moyens du bord, l'actuel acronyme à dix-neuf branches est le piètre résultat dont se contente la langue française. Alors que les anglophones reconnaissent déjà cinquante-huit genres différents — plus du triple! Face à ce retard gênant, il est consternant de constater la passivité de nos autorités, qui laissent l'anglais dominer ce secteur crucial de la soupe à l'alphabet.

(UQUEER), qui refusaient tout amalgame avec les « homos genrés » de style XXe siècle.

En dehors des cercles restreints de leurs adhérents, les deux vaisseaux spatiaux entrèrent presque inaperçus dans le ciel du nouveau siècle. L'épais rideau d'incompréhension qui les enveloppait se transformait en une formidable voile qui, gonflée aux grands vents de la marginalité assumée, leur permettait de filer au-dessus des nuages de la normalité terrestre. Ils volaient en fait en avant-garde d'une nouvelle génération, celle de la *diversitude*, qui peu à peu réussit à imposer à la société tout entière LE grand débat de ce nouveau siècle : l'établissement dans les lieux publics de toilettes non-genrées.

Presque incrédule à chaque nouvelle année qui la voyait regarnir ses coffres, Sylvie devint l'astre central autour duquel gravitaient les planètes de la galaxie Foulanault : sa grande fille déjà elle-même deux fois maman, ses deux fils jumeaux ayant aussi quitté le nid familial, et son père Maurice, de plus en plus âgé.

Les années qui passaient étaient douces pour cette famille à quatre paliers, dont les jeunes adultes cultivaient le goût de la poésie comme l'amour de la prose, la résolution de devinettes, et le jeu des anagrammes phonétiques. *Plus très chaud, l'air divin jouera des tours…*

Bien sûr, la jeune grand-mère travaillait fort en ces années 2000, quittant souvent tard le soir le rentable immeuble. Avant de clore la journée, elle prenait l'air avec sa fille, qui maintenant l'assistait pour la gestion, saluant souvent sur le trottoir les policiers en civil qu'elles reconnaissaient facilement. Bien au fait de la clientèle alternative de la famille autant que de sa comptabilité i-nat-ta-qua-ble, les forces de l'ordre faisaient en fait la filature des usagers de drogues douces qui, au coin du boulevard De Maisonneuve, prenaient autant de plaisir à fumer un petit joint qu'à identifier de loin les flics chargés de les en empêcher.

120

Sylvie terminait un soir sa programmation lorsqu'elle apprit la triste nouvelle appréhendée depuis des mois : le décès de son papa. L'organisation des obsèques la garda occupée pendant près de dix jours. Sortant du mausolée funéraire en embrassant les anciens citoyens du Village (ceux de la Troisième Coupole, âge de gloire de Maurice) et toute la parentèle venue rendre un dernier hommage à cette personnalité-phare, elle se retrouvait orpheline de père autant que de motivation.

Deux semaines plus tard, pour se changer les idées, elle accepta d'être juge dans une compétition de poésie. Fondateur de la Ligue québécoise de Slam (LiQS), Ivan Bielinsky, alias Ivy, animait ce soir-là au vénérable cabaret du Lion d'Or le Grand Slam, autrement dit la finale du Québec de slam-poésie. Nouveau mégaphone de la poétique francophone d'ici, cet assoiffé genre littéraire se désaltérait depuis quelques années à ces énoncés de trois minutes qui déboulaient sur les scènes amateurs. Face aux spectateurs déjà bien réchauffés par deux heures de déclamations, l'auteur du disque *S'armer de patience* présenta une dernière compétitrice avant la pause.

Derrière un pan du rideau de côté, cette slameuse attendait patiemment le signal, les mains jointes devant elle comme tenant dans ses mains le prêche minutieusement concocté qu'elle s'apprêtait à livrer aux pèlerins de la *république slamique*. Dans l'auguste enceinte qui jadis écouta les refrains hip-hop des Loco Locass et naguère le tour de chant d'Alys Robi, les tables du bistrot cessèrent un moment leur murmure. Par déférence pour la châtaine à la voix savamment éraillée qui ne distinguait comme public devant elle qu'une rangée de projecteurs, les convives se tournèrent pour entendre son épigramme de cent quatre-vingts secondes, dont personne ne croyait qu'elle mènerait son auteure plus loin qu'au début de l'entracte :

Tes appels ne sont plus qu'au secours et fatigue plaintive
Tu as les yeux qui suintent, et le front et le cou
Tu as l'odeur et le goût du malheur stagnant
Et comme si tu avais travaillé un siècle
À ériger les murailles du malheur
Tu t'enfermes dedans
Et tu geins…

C'EST QUOI TON GENRE ?

Pilotant son vaisseau redevenu une machine à imprimer de l'argent, Sylvie s'octroyait quand même du temps avec ses petits-fils, qui fréquentaient l'École Nouvelle, une école alternative aux classes multi-âge fondée soixante-dix ans plus tôt. Un jour, elle s'y rendit pour entendre ce qui loge au cœur de la pédagogie de l'institution : la « présentation de projet ». Son plus grand, Valentin, avait requis la veille l'aide grand-maternelle pour peaufiner sa présentation ; ensuite, les deux en avaient profité pour composer ensemble un distique d'assonance :

Pour son plus vieux, un moment fort ;
Et fort plus pour sa vieille-maman.

Après la prestation d'une fille du même âge sur les classes sociales dans l'Égypte ancienne, le conférencier de huit ans livra, avec le sérieux d'un discours aux Nations unies, le résultat de ses recherches sur « les écoles de syndics au Bas-Canada ». Ces institutions publiques fondées dans les années 1820 par le Parti patriote et contrôlées par des habitants réduits à une patrie de porteurs d'eau, exposa-t-il, étaient les ancêtres pédagogiques de l'école alternative qui l'écoutait sagement ce jour-là.

Soulignant devant son enseignante attentive la filiation autant académique que familiale entre les deux époques, l'enfant-pédagogue conclut sur le souvenir de l'un des pionniers de cette aventure : l'arrière-grand-père de son arrière-grand-père Foulanault. Autrement dit, termina-t-il en regardant le mouvement de lèvres de sa grand-maman, qui lui soufflait muettement le terme, son *quinquaïeul* à lui.

Loin du feu d'artifice d'antan, une seconde vie relançait pourtant peu à peu le Village. Dans le sillage de la prospérité retrouvée à L'Interlope et au Copenhague, un renouvèlement de la micro-économie du quartier était perceptible à qui avait l'œil exercé. Premier de ces nouveaux endroits, s'établit au coin de la rue Wolfe le resto italien La Bizzéria, suivi de l'école de ballet Transendanse près de Montcalm.

Envie d'offrir un beau sac à main en cadeau ? De jolis modèles étaient en vitrine sur la rue Martineau, à la maroquinerie Les Créations du Quir. Près du métro Beaudry, s'ouvrit la boutique de sports Les Arcs-en-ciel et, sur la rue de la Visitation, démarra le magasin de mode-jeunesse C'est quoi ton genre ?

Évidemment, sous l'égide de la Quatrième Coupole, les bassins naturels de clientèle de ces petits négoces étaient bien plus restreints que les anciens commerces « simplement gais ou lesbiens » d'auparavant. Pour compenser, ces microstructures se dotèrent d'un service commun de livraison : TranssEx, leur permettant ainsi de vendre également en-dehors du Village. Génial ! L'initiative venait de Lise-Gaëlle Barbeau-Turcotte, gérante de la Lunetterie PLUCE au coin de la rue Panet. Elle devint si populaire que tout le monde ne l'appelait plus que par ses initiales : L.-G. B.-T. PLUCE.

Parmi la population non-LGBT+, plusieurs curieux venaient quelquefois sur place y faire leurs emplettes. Ce bienvenu accroissement des ventes permit aux négociants de financer quelques rénovations dans leurs locaux : soucieux de fidéliser ces clientèles particulières, autant que de polir leur image inclusive, certains restaurants triplèrent le nombre de leurs toilettes afin d'offrir, à ceux et celles qui le préféraient, des toilettes genrées.

Pour débuter leurs enrichissantes semaines de travail, le personnel de ces établissements se retrouvait souvent le troisième lundi du mois entre les murs du 399, lors de soirées à double sens, *Les dix vers cités*, où parmi une dizaine de régions du Québec, deux venaient confronter leurs poétiques. Un soir de janvier où le calendrier affichait ainsi Charlevoix et Outaouais, l'Agora des huit couleurs entendit les raffinées tournures des *Secrets de l'Origami* et son autrice Gabrielle Boulianne-Tremblay, entrecoupées des extraits plutôt rentre-dedans de José Claer, qu'il puisait dans son *Mordre jusqu'au sang dans le rouge à lèvres*. Pour la diversitude affalée devant eux sur de moelleux coussins recouvrant le plancher de marbre, ce fut une rare occasion de pouvoir comparer la dentelle avec le dental.

Bref, pendant des années, tout était rose pour Sylvie Foulanault, ou plutôt rouge, orange, jaune, vert, bleu et violet. Au point où la jeune grand-mère entrevoyait enfin, pour la première fois en douze décennies, une première transition générationnelle non-dramatique. Sa fille saurait-elle saisir le bâton-témoin de la longue course à relais débutée par Octave en 1893?

Mais à Québec, soupçonnant une pernicieuse évasion fiscale des activités plus ou moins déclarées des LGBTTIQQCAAPNcNbVA2sDP, le gouvernement voulait en finir avec ces ultimes marginaux[33]. Il prévoyait les faire rentrer dans le rang avec une loi spéciale qui mettrait fin du même coup aux frais de scolarité historiquement bas des étudiants de l'UQUEER, accordés antérieurement eut égard à leurs C.G.S. (Certificats de Groupes Stigmatisés). Avec une telle loi, ces C.G.S. disparaîtraient sans avoir à suivre la longue procédure officielle de révocation. Secrètement alertée de cette intention par les multiples informations glanées ici et là pendant sa double tâche, Sylvie savait que

---

33. Se dressant seul face à l'emprise démesurée des personnes trans sur notre monde, le grand philosophe québécois Jeff Fillion fut l'un des rares courageux à dénoncer en 2018 sur les ondes d'une radio de Québec « l'endoctrinement dans nos écoles par les transgenres », qui annonçait pour bientôt « la fin de la société ». L'imposante érudition du philosophe Fillion a fortement élargi la renommée intellectuelle de la capitale nationale en rappelant l'incontestable fait historique que « c'est la tolérance envers les minorités sexuelles qui a provoqué l'écroulement de l'Empire romain ».

la pleine reconnaissance des derniers *alternatifs* sonnerait l'hallali des deux dernières forteresses. Comment contrer la menace ?

En une décisive démarche seule à seule au bureau de la première ministre, elle-même issue de la pléiade transidentitaire, la responsable de L'Interlope tenta de convaincre son ancienne partenaire de trip à trois de mettre fin à cette folie.

Depuis deux ans cheffe du gouvernement, celle-ci rétorqua qu'après la normalisation des homos genrés une génération auparavant, toutes les minorités sexuelles (détentrices de C.G.S. ou non) avaient été laissées pour compte. Cependant, leur reconnaissance pleine et entière n'était plus négociable.

Parlementaire étendard de la transitude, jadis Martin Charest, député d'Anjou, devenu Martine Charrette, députée d'Anjou, pouvait en effet difficilement briser la promesse électorale n° 1 de sa coalition politique. Consciente de l'importance de son argutie de la dernière chance, Sylvie insista pour obtenir au moins une demi-ségrégation envers les derniers fragments de groupuscules socio-sexuels.

Malgré son statut d'ancien de l'UQUEER, la politicienne opposa à sa visiteuse ne plus avoir le choix : face à la dénatalité plongeante des couples hétéros (constituant pourtant toujours 90 % des foyers), l'avenir démographique du Québec reposait forcément sur l'intégration définitive des minorités. De plus, l'équilibre des finances publiques et son profond sens de l'État dictaient à la première mandataire de mettre fin aux tarifs subventionnés des frais de scolarité à ces privilégiés, trop longtemps épargnés.

En conclusion, la cheffe gouvernementale baissa la voix, en une rare confidence à son ancienne complice des nuits fofolles du milieu étudiant arc-en-ciel :

— Bien sûr, comme jadis les Croisés protégeant le Saint-Sépulcre, les associations étudiantes de l'UQUEER voudront défendre leurs C.G.S. jusqu'au bout. Ce sera tant pis. On n'a plus le choix : il faut régler la question.

LE PRINTEMPS NON-BINAIRE

Pour qui, la rue ?
Pour nous, la rue !

Refusant de divulguer leur itinéraire à la police, les manifestants hurlaient leurs cris de ralliement, en créant chaque semaine un nouveau slogan. Jouant le tout pour le tout, Madame Foulanault avait adroitement réussi à pirater les pages Facebook des associations étudiantes de l'UQUEER, et manipulait de cette façon leurs assemblées générales jusqu'au but qu'elle s'était fixé : le déclenchement d'une grève de toutes les facultés, en opposition au gouvernement. Au cœur de la mobilisation, la défense des C.G.S., que les délégués de la radicale Pan-facultaire, s'inspirant du langage syndical, considéraient comme un « acquis » inviolable.

Les immenses manifestations de rue du Printemps non-binaire monopolisèrent l'actualité pendant des mois, avec les images-choc des banderoles défilant chaque vendredi sous le viaduc Berri-Sherbrooke. Scandant des slogans imaginatifs hostiles au pouvoir, ou au contraire aiguillonné par des déclarations incendiaires de certains députés anti-C.G.S., chaque camp durcissait sa position vers un affrontement. La crise politique divisait les membres du gouvernement, parmi lesquels les colombes en appelaient ouvertement au dialogue, pendant que les faucons pressaient d'en finir.

La lutte est étudiante,
la grève est populaire !

Durant la plus longue crise politique du Québec moderne, Le Copenhague et L'Interlope étaient pleins tous les soirs, dans une ambiance de veillée d'armes. On y arrivait même de l'extérieur du pays, en solidarité avec les grévistes autant que pour faire la fête en cette saison unique. Devant les deux héroïques citadelles, les cohortes de militants gonflés à bloc faisaient de longues files pour payer leur entrée.

Pendant des semaines, Sylvie Foulanault et Jørgen Vestergård durent allonger les heures d'ouverture de leurs deux châteaux-forts, et se déplacer dix fois par jour pour déposer à la banque les devises étrangères qui inondaient leurs caisses. Et chaque soir, les planchers de danse des deux volcans en ébullition fléchissaient sous le poids des marginalités survoltées, convoquées qu'elles se savaient au carrefour de l'Histoire.

Paralysées par l'occupation étudiante, toutes les directions académiques avaient annoncé la levée indéfinie des cours et mis son personnel en congé, faute d'une fréquentation académique effective. Sauf évidemment leurs services des admissions, dont les employés épuisés travaillaient en quatre quarts à temps plein pour traiter les demandes pleuvant des quatre coins du monde. Tactiquement, le gouvernement Charrette mit sous embargo les rapports ministériels hebdomadaires sur le nombre de demandes d'étudiants outremer. Ici et là des voix de plus en plus nombreuses se levaient en défense des C.G.S., l'acronyme de trois lettres occupant tout l'horizon médiatique. Au bout d'un mois de crise, le titulaire de l'Éducation démissionna.

Charrette, décrisse!
Fais donc comme ton ministre!

Retirant à la police régulière l'encadrement des manifestants, la première ministre fit l'erreur (ou le choix calculé, pour instrumenter la crise à son avantage?) de déployer plutôt les Gendarmes de sécurité spéciale.

Jadis constitués pour la lutte contre les trafiquants de cocaïne-base et de cannabis, ils avaient été surnommés les Crack-pot' par les cégépiens, et ce titre leur était resté. Chaque jour, les webzines étudiants publiaient une nouvelle caricature de ces tortionnaires barbares.

Sylvie se frottait les mains : l'entrée en scène de ce peloton d'écervelés violents, formé d'éléments rejetés par les autres corps de sécurité, ne pouvait que provoquer le bain de sang qui dynamiterait pour vingt ans le processus de normalisation tant redouté. À la tête de cette légion de têtes brûlées, la colonelle Joan Colborne se réjouissait elle aussi de la confrontation annoncée. Matricule 303, comme la surnommaient ses pairs, cultivait la haine des *chômeux*, *étudieux*, et autres *gratteux de guitare*. Au quartier général des Crack-pot', elle réunit ses effectifs pour leur annoncer avec un sourire carnassier leur nouveau mandat.

En avant ! En avant !
On ar-rêtt' pas !

Au-delà des étudiants de l'UQUEER hyper-mobilisés dans la Pan-facultaire et par crainte d'une abolition générale des C.G.S. de toutes catégories (sexuelle ou religieuse, générationnelle ou raciale), un vaste mouvement de solidarité s'étendait en appui aux non-binaires. Les collèges et universités de la région débrayaient un à un, incluant même l'École des HEC et les collèges privés les plus élitistes. Et à la fin, même John-Abbott, Vanier et Dawson.

Le Copenhague avait aménagé dans ses locaux une cafétéria danoise qui captait la clientèle des milliers de manifestants venus reprendre des forces entre deux manifs. Le menu entier se déclinait sur l'acronyme C.G.S. : carré de grignotines avec soupe, concombres grillés en sandwich, café glacé au sirop…

Barricadé depuis l'expatriation à Mascouche de Mary-Jo Al Khaïli, l'ancien StoreDrogue avait été une nuit squatté par les activistes surnuméraires ne pouvant trouver place dans les deux premiers bastions. Au petit matin, les émissaires des trois fortins évaluaient la possibilité de poursuivre leur expansion vers une quatrième ou une cinquième bastille à prendre. Pour Sylvie, en digne fille de son père, une question se posait : serait-il bientôt temps de faire renaître le Cartel de l'Île-icitte, en dormance depuis trente ans ?

On chante ! On crie !
Pour que personne ne nous oublie !

Sourde aux recommandations de ses conseillers, Martine Charrette annonça sur les ondes l'entrée en vigueur du décret promulguant la *Loi spéciale révoquant les Certificats de groupes stigmatisés*. Le soir même, un grand concert de casseroles lui répondit de façon spontanée. Le cabinet fut convoqué en urgence à Québec le matin même où les Crack-pot' sortaient de leur caserne à Montréal. Encerclant les milliers de maquisards encagoulés au centre de la place Émilie-Gamelin, cinq compagnies de gendarmes se placèrent en position d'assaut. Sur le centre-ville de la métropole flottait un nuage de fin du monde.

Empoignant un mégaphone, Matricule 303 beugla vers les insurgés une ultime sommation à se rendre. Sachant qu'on ne lui répondrait que par une levée de doigts d'honneur, elle chargea avec délectation son fusil, dont la crosse portait déjà une douzaine d'entailles. Elle intima à ses troupes de la laisser tirer la première, dès qu'une première bouteille vide viendrait se briser sur leurs boucliers.

Par la lunette d'approche de son arme au gros gibier, elle pouvait dévisager un à un les dangereux cagoulards qu'elle avait enfin la chance de rayer de la carte. Malgré leurs accoutrements, elle les identifiait facilement : Criffin, Gafrance, Grançois, Larnabé, Fuazo, Bizotte, Segistre, Lillanueva, Raulnier, Voriolan, Sibbs… Peut-être quelques manifesteux iraient-ils demain protester ; sans doute verrait-on des porteux de pancartes défiler quelques jours, mais à moins d'une erreur bête — comme laisser par inadvertance s'enregistrer une conversation avec un collègue — elle et ses Crack-pot' se savaient en totale impunité.

Dé-cret spé-cial ?
'Stie qu'on s'en crisse !

Le cabinet Charrette avait entamé sa réunion d'urgence sous très haute tension. Assise au bout de la grande table avec le détenteur du portefeuille des Finances à sa droite, la première ministre voulait voir clarifiée la position de chacun des responsables ministériels, en un tour de table débutant à sa gauche. Entre modérés et radicaux intervenant tour à tour très émotivement, le gouvernement ne savait pas sur quel pied danser.

Après ses collègues emportés les uns face aux autres, la voix neutre du titulaire des Finances, dernier à s'exprimer, détonna dans l'ambiance explosive :

— D'un côté, nous voulons appliquer notre décret. De l'autre, les manifestants veulent maintenir leurs C.G.S. Dans tout ça, je veux mentionner un seul chiffre : la définitive intégration fiscale de ces derniers marginaux rapporterait à l'État québécois 727,4 millions sur trois ans.

Comme sur un coup de sifflet, les vingt-deux ministres arrêtèrent net d'argumenter. À combien, les revenus fiscaux supplémentaires ?

Ta Loi, tu sais, Charrette,
où c'est qu'tu peux t'la mettre !

À travers sa lunette, juste au centre de la petite croix optique, paradaient sans le savoir les acteurs du dénouement tragique sur le point de survenir. De plus en plus excitée, Matricule 303 choisissait l'ordre dans lequel elle se proposait de « fixer les portraits ». Son doigt montait et descendait lentement sur la détente de son arme, faisant durer le plaisir le plus longtemps possible. Elle caressait toute la moiteur de la surface humide, en explorant chaque recoin sensible, chaque petit repli. Haletante, la colonelle percevait tactilement chaque détail du petit organe de plus en plus glissant, la chaleur mouillée de fébrilité, l'odeur douceureuse qui en émanait ; pendant que grimpait, grimpait, grimpait l'irrésistible orgasme qui la submergerait dans quelques secondes.

— Matricule 303 ! Matricule 303 !

Avait-elle étiré l'extase un instant de trop ?

— Matricule 303 !

Dans son dos, jaillissant des rangs des Crack-pot', la voix du colonel-adjoint se rapprochait en courant :

— Le Ministère ordonne de suspendre toute l'opération. Tout de suite !

Sous sa visière pare-balles, Matricule 303 blêmit de rage pendant que l'adjoint bafouillait une explication :

— Le gouvernement vient d'adopter en urgence *La Directive sur la normalisation finale*, rapportait-il tout essoufflé. Toutes les marginalités sexuelles, présentes et à venir, sont d'un coup intégrées à la société civile avec inscription à Revenu Québec, que leurs membres le désirent ou non.

Plutôt que de révoquer juridiquement les Certificats de Groupes Stigmatisés, la première ministre avait habilement décidé de désactiver par directive administrative chacune des classes de C.G.S. C'était officiel : il n'y avait plus aucune catégorie de population stigmatisée ; et le plus terrible pour Sylvie Foulanault et ses amis sur le point de relancer leur Cartel, il n'y avait donc plus de marginaux socio-sexuels.

Les étudiants réintégrèrent les facultés et leurs camarades d'un printemps reprirent tristement l'avion. Sur l'engagement du pouvoir qui promettait mer et monde pour leur insertion sociale, même les plus militants de la communauté double-bi (la plus radicale de l'arc-en-ciel, surnommée les Quadruples) rendirent les armes, se détatouant un à un dans les mois suivants, dès le début de leurs grossesses. De Saint-Urbain à De Lorimier, la rue Sainte-Catherine se mua pour de bon en une soporifique banlieue interne pour familles nombreuses, en comparaison de laquelle le quartier hassidique d'Outremont passait pour le carnaval de Rio.

La mairesse Rahtiná:kere Onkwehonwe Raohonntsáke y posa le couvercle final par son percutant discours « Pour le sommeil des familles », qui octroyait au Village le statut spécial que réclamaient maintenant ses résidents : celui d'*arrondissement dodo*, où toute activité devait cesser à 20 h 30. Vivant désormais en couples durables, la diversitude délaissa ses anciens cantons de sexualité folichonne. Bars-rencontre, boutiques érotiques ou saunas arc-en-ciel fermèrent un à un.

Exsangue, Le Copenhague fit tristement naufrage, remplacé par une incolore Librairie scandinave. Comme le prévoyait son karma séculaire, L'Interlope se retrouvait sur une île déserte. Encore une fois…

Terrifiée à l'idée de clouer le cercueil de la dynastie, Sylvie sombra dans la surconsommation d'anxiolytiques. En plus de l'héritage d'Octave et des Amoureux des deux langues, ou de la gloire d'Éloïse et de la Mixophilie, elle pensait à Maurice, figure de proue de l'Homophilie. Ces trois coupoles avaient débouché sur son heure de gloire à elle, qui célébrait les LGBTTIQQCAAPNcNbVA2sDP.

Depuis presque trente ans, elle avait patiemment affrété une brillante escadrille permettant à ces historiques rejetés de s'envoler au travers des pires ouragans, et de planer au-dessus des nuages par toutes les tempêtes, hors de portée des tirs groupés de l'artillerie ennemie. Mais si ses plus téméraires pilotes de combat atterrissaient maintenant sur les pistes bien balisées de la Normalisation, que lui restait-il à elle, Générale

Sylvie, pour échapper à la mise au rancart forcée de ses appareils, cloués au sol par le beau temps permanent?

Chaque fois qu'elle marmonnait la fameuse anagramme du plafond, sa fille lui promettait de porter à son tour le flambeau avec l'aide de ses jeunes frères. Malgré le discours tenu au chevet de sa mère maintenant hospitalisée, l'aînée dut mettre fin en 2020 aux activités pseudo-théâtrales ayant fait la renommée de la maison. Avoir des locaux vides est une chose, produire à perte en est une autre. Au moins, la location à la petite semaine à des entreprises saisonnières couvrait en partie les frais de taxes et d'assurances.

La pandémie de coronavirus qui promenait ses vagues mortelles d'un pays à l'autre donna au moins le prétexte de recevoir un peu d'aide publique. La situation s'incrusta quelques années, dans la grisaille des restrictions de toutes sortes que dictait la cascade des variants du virus qui se succédaient sur la planète.

Finalement mise au courant de cette triste dérive, Sylvie joignit ses trois enfants adultes en appel conférence. Elle avait des journées d'incohérence, d'autres de lucidité, comme ce jour-là. Sylvie Foulanault souffrait cruellement de voir en face la terrible réalité : la tyrannique boucle de l'inclusion sociale se refermait sur elle, à l'hiver de sa vie.

Après avoir escaladé l'un après l'autre les escarpements les plus abrupts, l'équipée de la Quatrième Coupole ne trouvait plus au bout de sa corde que l'hégémonique diversité uniformisée de ce XXIe siècle. Sylvie n'avait plus le ressort de remonter la pente, puis attaquer une nouvelle ascension sur un autre versant de la montagne ; il lui fallait couper les câbles pour éviter d'entraîner toute la cordée dans le précipice final.

Au téléphone, les jumeaux et leur aînée laissèrent leur mère, d'une voix usée par la médication, clore sur ce qu'ils appréhendaient depuis un an. La fratrie était convoquée pour le surlendemain en une rencontre solennelle à quatre ; leur mère demandait leur aide pour monter jusqu'à la grande table de la Coupole. Confirmant leur présence, aucun des enfants, maintenant quadragénaires, n'entra dans le vif du sujet. De leur père malien, ils tenaient bien sûr leurs beaux traits africains sous la chevelure crépue ainsi que leurs prénoms de confession musulmane, mais aussi la superbe impassibilité des gens du Sahel face à l'adversité.

Par contre, les trois portaient le nom de famille de leur mère, et donc l'héritage patronymique dictant de tenir le coup une génération de plus. Malgré cela, ils ne voyaient qu'une seule issue à la crise finale : l'illustre édifice du nouvel « arrondissement dodo » serait démoli une fois pour toutes, et le terrain vendu à des promoteurs privés, ou même directement à la Ville de Montréal.

D'ailleurs la mairesse Raohonntsáke n'avait-elle pas promis de construire bientôt une nouvelle tour au centre-ville pour y loger les quatre cents fonctionnaires de l'Office municipal de l'inclusion ?

Fatoumata
et la 5ᵉ coupole

LE ROULEAU DE PLANS

    Or donc, en ce froid mercredi avant-midi de la mi-février 2029, Fatoumata Foulanault marchait sur le trottoir de la *Main* en grillant une cigarette, qu'elle tenait négligemment de la main droite. Elle s'accordait ainsi une pause de cette gestion immobilière qui lui pesait chaque jour un peu plus à mesure que s'enfonçait dans la médiocrité l'immeuble commercial dont, depuis cinq générations, sa famille était propriétaire sur le célèbre boulevard Saint-Laurent, à l'angle de la rue Sainte-Catherine.

    De la main gauche sur son sac à main qu'elle portait en bandoulière, elle tâtait à travers le cuir son porte-cartes débordant de cartes bancaires ou de crédit, de paiement machin ou d'on ne sait trop quel programme de fidélisation pour l'essence ou l'épicerie. Et sous un bras où cliquetaient deux ou trois bracelets, elle tenait un rouleau de plans. Dans sa tête, plusieurs réflexions se bousculaient : la situation médicale de sa mère, bien sûr, et aussi sa relation avec son nouveau conjoint, qui pour l'instant jouait « le compréhensif » face à la situation familiale dégénérative découlant du boulet qu'était devenu L'Interlope. Combien de temps Lysandre resterait-il indulgent ? Et au-dessus de ces préoccupations, s'entrechoquant en une nuée de fragments flottant en altitude, un projet prenait forme.

    S'arrêtant devant la boutique du quart-de-siècle-de-gloire-et-de-victoires, la partisane tricolore qu'elle était toujours regarda une fois de plus, face au souffle glacé venu du nord, le déprimant album en vitrine. Le vent ne pourrait-il pas enfin tourner pour les joueurs de la Sainte-Flanelle, comme pour l'équipe de son propre édifice familial ?

    Continuant jusqu'au boulevard De Maisonneuve sous le froid qui piquait, elle se souvint du temps où une bande de joyeux lurons y venaient fumer leur joint malgré les continuelles patrouilles de police, souriants comme des banlieusards en congé au chalet. Sur les bancs publics installés devant le métro, elle reconnut quatre ou cinq de ces anciens poteux, à peine vieillis par le passage des ans. Mais plus de fumette en cachette, plus de rigolade ponctuée de furtifs coups d'œil à la ronde pour détecter la flicaille ; bref, plus rien. Interrogé par Fatou, l'un d'eux expliqua :

— Depuis la légalisation du cannabis en 2018, c'est plus aussi drôle qu'avant : d'abord la police ne nous regarde même plus ; ensuite dans les magasins de la SQDC, on est servis par des fonctionnaires ennuyants, qui discutent entre eux de prêts-auto ou de rapports d'impôt. Aucun plaisir ! Et puis, bien des clients attendent tristement les promotions dans la circulaire du jeudi, pour des produits listés par code-barres, comme pour le dentifrice. Quand la SQDC n'est pas en rupture de stock ! Autrement dit, c'est devenu tellement plate que nous autres, on a tous arrêté de fumer.

Pensive devant cette brillante analyse, la Foulanault pénétra pour la seconde fois en trente minutes dans l'édicule du métro Saint-Laurent, avançant vers le comptoir de La Ligne verte en affichant un sourire contrit pour son paiement différé du journal et du café. Lù Xiàn terminait au téléphone avec sa grand-mère :

— 如果你还有更多的牧羊人派，我很乐意和你一起吃晚饭。我要挂电话了，有顾客来了[34]。

Puis, fermant son appareil, la tenancière s'adressa à sa cliente prodigue avec son plus beau sourire :

— Désolée, j'étais en conversation familiale. Vous comprenez le chinois ?

— Euh... disons que je ne maîtrise pas encore tout à fait l'imparfait du subjonctif...

---

34. « J'irais bien souper chez vous ce soir, s'il vous reste du pâté chinois... Bon, je raccroche, j'ai une cliente. »

La négociante laissa fuser un rire spontané. Soulagée de sentir de l'amusement chez l'interlocutrice qu'elle considérait de façon un peu moins anonyme, Fatoumata sortit de son sac à main une carte bancaire pendant que la commerçante poursuivait :

— Reste encore trois-quarts de verre très corsé pour réchauffer rapidement notre trop pressée lectrice du journal *Le Savoir*.

Lù Xiàn cherchait une façon élégante de remettre la conversation sur le chemin le plus amical possible. Elle avait cependant dissipé toute envie de faire quelque avance que ce soit. Si la destinataire n'avait pas vu le clignotant du premier coup tout à l'heure, tant pis pour elle !

Elle lui reversa néanmoins une nouvelle dose brunâtre dans le même verre de polystyrène, puis lui remit l'exemplaire du journal qu'elle avait mis de côté. Son précieux rouleau de plans sous le bras, Fatou reprit sa lecture par un article qui lui avait échappé plus tôt : un reportage sur une célèbre boutique érotique du Village, Le Prix à payer, spécialisé en « accessoires actifs ». Un pionnier de la communauté, ouvert en 1974.

Ses gérants annonçaient tristement la fermeture imminente, en cette année du cinquante-cinquième anniversaire du magasin de la rue Sainte-Catherine. Car leur clientèle historique, désormais recentrée sur la vie familiale diversito-parentale, avait complètement délaissé les pratiques olé-olé ayant assuré la prospérité du lieu. Et les tenants du patrimoine commercial local étaient à court d'idées pour sa relance. Encore une grande adresse sur le point de disparaître !

Fatoumata revint à la page éditoriale du *Savoir* et son appui mur-à-mur à la Charte. Relisant cette fois-ci jusqu'au bout ce bijou d'ouverture intellectuelle, elle laissait en même temps son esprit naviguer dans ses souvenirs d'enfance. Elle entendait encore son cher grand-père Maurice, fidèle lecteur du journal, lui raconter la grande épopée de la famille qui au fil des années avait toujours eu le génie de tirer profit de l'ostracisme envers telle ou telle catégorie socio-sexuelle.

Recevant comme un appel posthume du disparu, la Foulanault prononça encore deux ou trois fois la fameuse devise encerclant les folâtres créatures de la fresque du plafond : *Plus très chaud, l'air divin jouera des tours...* Et pour se convaincre une fois pour toutes, les deux mains toujours sur le journal grand ouvert, elle prononça à haute voix l'anagramme secrète obtenue par le mélange des vingt-quatre phonèmes :

— Et l'interdit vaudra toujours plus cher...

Levant les deux bras au ciel en contrejour des néons du plafond, comme pour lire l'éditorial en filigrane de la lumière crue, elle laissa retomber le journal sur son beau visage souriant. Embrassant l'édito, elle répéta encore trois ou quatre fois : « Et l'interdit vaudra toujours plus cher... »

Le déclic final lui était-il venu en respirant l'air unique du boulevard Saint-Laurent, artère de tous les bouleversements de la cité ? Ou simplement par hérédité ? Quoi qu'il en soit, elle visionnait enfin l'ensemble de son projet. Pour le développer, était à proscrire toute diffusion formelle (Internet, courriel, médias sociaux) ou même tout document imprimé : le balayage des Nous-Nous Macoutes[35], puissante organisation de la promotion de la Charte, était d'une efficacité militaire.

Non, il valait mieux y aller à l'ancienne, par le bouche-à-oreille, et en débutant par une minutieuse préparation de l'exposé convainquant qu'elle devait livrer le soir même sous le dôme de la Coupole devant sa mère et ses deux frères.

---

35. Nommées en référence aux Boubous Macoutes du gouvernement Bourassa des années 1985-94. Mandatés pour traquer les millionnaires opulents abusant de l'aide sociale, ces courageux justiciers furent louangés durant des années par des groupes populaires. Eux-mêmes tiraient leur surnom des Tontons Macoutes, ces distrayants organisateurs culturels des années 1950-60 sous le régime progressiste de François Duvalier en Haïti. Leur renommée fut telle que des centaines de milliers d'Haïtiens quittèrent pour l'étranger afin d'aller témoigner de la ferveur joyeuse générée par le macoutisme duvaliériste.

Pas une minute à gaspiller! Au lieu de retourner au 399, où elle serait sûrement dérangée par une quelconque serrure à remplacer ou la visite impromptue d'un inspecteur de je-ne-sais-quelle-patente, Fatoumata décida sur-le-champ de chambouler son horaire de la journée. Elle appela son chéri, en faisant un gros effort pour contenir un peu son enthousiasme soudain :

— Je vais à la maison travailler tranquille sur un rouleau de plans. Mais à ton arrivée, Lysandre, on soupe ensemble avec les enfants, d'accord? Après, je reviendrai ici pour ma réunion au bureau. (*Et de façon faussement anodine*) Au fait, le vase décoré que ta fille t'a donné hier, il est dans le salon?

Parmi la vingtaine de bouquets entourant le kiosque de La Ligne verte, Fatou venait d'apercevoir l'arrangement floral idéal, celui combinant des fleurs de lys de plusieurs tons : bleu et blanc, et aussi jaune, rouge et vert. Notre fleur nationale aux teintes du fleurdelysé, combinées aux couleurs panafricaines (aussi celles du drapeau malien). Le coup de génie : un bouquet inclusif! Convaincue de faire plaisir à Lǜ Xiàn, elle ressortit sa carte bancaire :

— Finalement, je vais vous prendre un bouquet de Saint-Valentin. Celui-là, le modèle inclusif, avec les lys de cinq couleurs. Aux coloris d'ici et d'ailleurs! (*Et sur le ton de la confidence*) J'en connais un qui va être impressionné...

La commerçante compléta en silence la transaction, tirant tristement dans sa tête une conclusion à dix-huit r bien appuyés : *Pas ce soir que mon lit procédera au grand brassage de couleurs... Terminé de tergiverser sur cette mulâtresse énervante et stressée. Espoir brisé, rangé, étrillé, écrasé!*

Elle trouvait tout à coup parfaitement idiote cette quadragénaire survoltée qui descendait l'escalier roulant vers les quais du métro Saint-Laurent en tentant de ne rien échapper : son sac à main et son cellulaire, son paquet de cigarettes et son café froid, les mains déjà pleines de son rouleau de plans et de son bouquet « inclusif ». Et qui continuait à lire son journal…

Pendant que, sous les gros flocons de neige, les jumeaux poussaient son fauteuil roulant vers le grand portail, Sylvie Foulanault savait qu'elle y pénétrait pour la dernière fois, à l'âge de soixante-dix-neuf ans. Le cœur meurtri de honte, le trio traversa l'Agora des huit couleurs, dont l'historique plancher de marbre disparaissait sous les cannettes de bière vides et les amoncellements brinquebalants de mobilier usagé — à l'esthétique du design si particulière. Heureusement pour leur fierté, en ce début de soirée, Gregory avait déjà quitté pour la brasserie.

Au sortir de l'ascenseur, Sylvie insista pour monter elle-même l'escalier deux quarts tournant dissimulé dans le placard de l'Alcôve de la Lune, reposant à chaque marche ses jambes flageolantes. Elle s'assit un long moment dans le bureau principal, aux fenêtres donnant sur la terrasse enneigée. Les pupitres et l'armoire à papeterie, l'ordinateur et les classeurs, tout ce décor lui rappelait les semaines frénétiques où elle y tenait seule la comptabilité i-nat-ta-qua-ble de l'entreprise familiale, pendant qu'aux étages publics son père Maurice recevait, comme jadis Éloïse et naguère Octave, et elle-même encore il y a cinq ou dix ans, toute une ribouldingue de personnages de bandes dessinées.

Ayant repris quelques forces, elle entreprit, soutenue par ses fils, l'ascension de l'échelle meunière vers le dôme, où elle n'avait pas mis les pieds depuis son coup de théâtre fumant face au complot pyromane de son père. La pire erreur de sa vie! Les décombres carbonisés de la bâtisse auraient, trois décennies plus tôt, composté un sol fertile où elle aurait pu se labourer une vie heureuse. Mais à quoi bon, à l'âge de la vieillesse, ressasser tous les faux-pas de son existence?

Les trois étaient assis depuis une demi-heure sous les effigies encadrées d'Octave et Éloïse, auxquelles ils venaient d'ajouter celle de Maurice. En attendant leur sœur, les deux fils écoutèrent leur mère relater une dernière fois ce tournant de la Quatrième Coupole où elle avait sauvé de l'incendie, une trentaine d'années auparavant, le célèbre édifice familial. Eux-mêmes à court de solutions, les jumeaux étaient néanmoins impressionnés par cette salle si singulière où ils accédaient pour la toute première fois.

Déjà fatiguée, Sylvie insistait pour en finir. Il fallait en finir !

Elle avait entrepris de prononcer le requiem final lorsqu'un taxi arriva en trombe devant la construction centenaire. Ignorant l'ascenseur, la retardataire gravit en courant les escaliers, tous bracelets cliquetant d'énergie, pour surgir de l'échelle meunière devant les trois faces d'enterrement déjà attablées. À la surprise du trio, elle affichait un large sourire.

Sa mère et ses frères avaient peine à reconnaître l'éternelle introvertie dans ce rôle inattendu de la verbomotrice exaltée. Debout dans cette Coupole dont elle aussi en découvrait soudainement l'acoustique si particulière, la fille Foulanault, son journal à la main, gesticulait son imparable argument devant ses interlocuteurs ébahis. Prévue comme une courte oraison funèbre, la réunion dura finalement trois longues heures.

La fille de Sylvie avait déroulé les plans ayant servi aux dernières rénovations importantes du bâtiment une génération plus tôt. Tout l'après-midi, elle y avait scribouillé au feutre rouge les grandes lignes des transformations qu'elle imaginait pour adapter les superficies aux nouvelles cibles auxquelles elle convertit peu à peu son auditoire. La tradition familiale voulant que la coquille externe ne changeât pas beaucoup d'un cycle à l'autre, le défi portait surtout sur la re-répartition des espaces internes. Le temps de bien planifier les interventions nécessaires et de recevoir des soumissions, ils lanceraient un chantier ne dépassant pas huit à dix mois, doté d'un budget à la hauteur de l'enjeu.

— Le budget, le budget… QUEL budget ? soupira Sylvie les yeux au ciel, évoquant la précarité comptable de la Fondation Intermède.

Fatoumata avait manifestement prévu la question. Et avec l'immense sourire hérité de son père, celui qu'affichent les gens du Sahel au sortir de l'adversité, elle répondit posément :

— Widmel me l'a encore répété tout à l'heure : pour le financement, il n'attend qu'une chose. Pas une pile d'argent, juste LA bonne idée. Le reste, c'est de la paperasse bancaire. Souviens-toi de ce que tu nous as souvent raconté, Maman, c'était la même chose dans ton temps, et également aux époques de Maurice, d'Éloïse ou d'Octave.

Avec une moue plus ou moins convaincue, Sylvie abandonna sa chaise au bénéfice de sa fille. Sans être émerveillée par l'optimisme débordant de son aînée, elle lui était reconnaissante au moins d'une chose : de lui avoir enfin retiré du pied l'épine qui lui torturait le corps, lui blessait le cœur et lui dévorait le cerveau. La Cinquième Coupole inaugurée, les trois redescendirent leur mère à bras-le-corps, puis l'accompagnèrent à sa résidence. Soulagée, celle-ci dormit enfin une excellente nuit, pour la première fois depuis des lunes.

LES NOUS-NOUS MACOUTES

Célébrée à l'unanimité par les médias, surtout dans la large section consacrée à la culture francophone du quotidien *The Gazette*, la nouvelle *Charte de la prohibition de la séduction en milieu de travail* fut votée le 8 mars 2029, puis promulguée sur le parvis de l'Institut de recherches et d'études féministes (IREF). En était diplômée l'experte grammairienne en écriture inclusive André·e Léveillé·e, qui avait rédigé la version officielle de la Charte, dont l'application s'amorça au printemps. Chaque soir, le grand réseau public de télévision diffusait un long reportage sur sa progression[36], selon une stratégie bien arrêtée.

Association de la société civile financée par l'État, les Nous-Nous Macoutes lancèrent d'abord une vague d'ateliers de sensibilisation, animés par la Secrétaire générale de l'Intersyndicale. Sur le mode des sessions de prévention des accidents de travail, des buffets gratuits étaient offerts dans les grandes entreprises, lors desquels des formatrices-terrain suggéraient des pistes pour contrer l'hétérophilie ostentatoire, cible n° 1 de la Charte.

Ensuite, les hommes réunis en discussion de tables rondes élaboraient les façons de « penser prévention » : votre secrétaire vous considère-t-elle comme un supérieur sympathique ? Suggérez aux Ressources humaines son remplacement par un employé masculin. Votre collègue féminine du Service marketing vous paraît trop attirante ? Demandez pour vous-même une réaffectation vers une tâche moins périlleuse, par exemple à la maintenance du système de ventilation.

---

36. Par déontologie journalistique, les reportages de la télé d'État en cette année 2029 évitaient de mentionner le rapport « Pour une nuit ou pour une vie », rédigé en septembre 2027 mais jamais publié, alléguant 25 000 cas de relations amoureuses perpétrés *à l'interne* depuis soixante-quinze ans par les salarié·e·s de ce même réseau télé.

En arrivant à la Caisse populaire Villeray, la Foulanault répétait mentalement la séquence de ses arguments. Saluant rapidement le réceptionniste, elle passa aux toilettes pour se repeigner. Face au grand miroir, elle se rappela le dernier colloque de la Chambre de commerce, dont elle avait retenu le brillant exposé de la présidente sur l'éthique féminine en entreprises : « Les femmes en affaires, répétait la dirigeante, se démarquent par une grande qualité : le souci du détail dans la présentation de leurs dossiers. »

Se remémorant ce précieux principe, Fatoumata défit deux boutons de plus au haut de sa blouse, et se dirigea vers son rendez-vous.

Widmel Jean-Baptiste était bien connu au Mouvement Desjardins. Son persévérant démarchage auprès de la clientèle haïtienne avait mené, après vingt ans d'efforts, le jeune commis-comptable du quartier Saint-Michel à la gestion du plus gros portefeuille de crédit commercial de Montréal, avec un ratio microscopique de pertes.

Apprécié au fil des ans par les emprunteurs de toutes origines, Widmel était considéré unique pour trois raisons : son humour grinçant devant les difficultés de ses clients, son œil de lynx pour déceler la rentabilité d'un projet et son engouement débordant pour les plaisirs culinaires.

Il interrompit sa conversation téléphonique pour saluer sa cliente :

— Bondye ! C'est pas très africain d'arriver à l'heure, Madame Foulanault ! Tu blanchis un peu trop tes habitudes ; tant que c'est pas ton argent ! Ha ! Ha ! Ha !

Par-dessus ses lunettes, le regard du directeur de crédit croisa le décolleté souriant que Fatou mettait de l'avant avec naturel, et y trouva deux bonnes raisons de plonger dans ce nouveau dossier. Il connaissait cependant trop bien les directives de la haute hiérarchie de Desjardins — le Grand D, comme on dit — sur la réserve attendue du personnel sur cet aspect. Son sens de l'humour, apprécié dans tout le Mouvement, le remit sur ses rails habituels. Couvrant de sa main le combiné du téléphone, il lança :

— Tu tombes bien ! À la Caisse, on cherche justement un bailleur de fonds pour financer nos projets d'agrandissement. Ha ! Ha ! Ha ! (*Et soudain sérieux en pointant son appareil, il ajouta à voix basse*) Un gros dossier hypothécaire à boucler. Encore deux minutes. Assis-toi !

Respectant la confidentialité, la Foulanault posa sans bruit son sac à main et entreprit de disposer en silence les éléments de son dossier sur le pupitre du banquier. Très concentré sur les colonnes de chiffres de son écran d'ordinateur, celui-ci poursuivait au téléphone :

— Anavn, w ap mete lanbi a nan lwil la, yon ti bè épi yon ti ji sitwon...

Fatoumata étalait un résumé de son projet et quelques tableaux comparatifs, ainsi qu'un petit dossier de presse, compilation de reportages sur la Charte de la Prohibition. À l'adresse de son interlocuteur lointain, Widmel poursuivait :

— Epi mete yon piman ki fò oswa mete pwav. Mete yon ti dife tou piti anba chodyè a. Kite l kwit.

Dans un craquement de papier trop sec, la copie des plans barbouillés de rouge se déroulait sur le grand pupitre, une feuille par étage concerné. Pendant ce temps, suivant du doigt des graphiques d'amortissement hypothécaire, Monsieur Jean-Baptiste approfondissait l'évaluation du gros dossier à boucler d'urgence :

— Lè l fin kuit, mete zonyon, echalòt, pat tomat, piman fò ak vinèg. Mete de tas bouyon, epi kite sòs la epesi. Atansyon : lanbi pa dwe kuit twò vit![37]

Toujours à l'écoute au bout du fil, le spécialiste du crédit survola d'abord les tableaux présentés par Fatou, puis pendant de longues minutes, les plans de l'immeuble et le dossier de presse. Raccrochant subitement le téléphone, il regarda l'héritière Foulanault cette fois droit dans les yeux, admiratif :

— Eh bien, voilà une bonne idée ! Peut-être LA meilleure idée qu'on m'ait présentée cette année !

Il leva devant lui ses deux paumes ouvertes, sur lesquelles Fatoumata claqua les siennes, triomphante, en se penchant pour laisser son décolleté sourire encore un peu plus. Esquissant quelques pas de danse, Widmel chantait *Haïti chérie* à voix basse pendant qu'il lançait l'impression des formulaires d'approbation de crédit.

Le second outil des Macoutes était l'éventail des incitatifs fiscaux : pour bénéficier d'une « enveloppe d'exonération », les employeurs de cinquante à deux cent cinquante salariés nommaient parmi leur personnel des « délégués à la surveillance morale » dont les observations étaient reliées en temps réel à la Nounou centrale, vocable argotique du bunker où des méga-ordinateurs révisaient en simultané des milliers de témoignages. Suggérées par la présidente de la Chambre de commerce, ces mesures présentaient l'avantage de motiver les entreprises à appliquer

---

37. « Tu mets d'abord les lambis dans l'huile, avec le beurre et le jus de lime... (...) Puis, tu ajoutes le piment fort, ou du poivre. Tu laisses cuire à feu doux. (...) Ensuite, tu ajoutes l'oignon, l'échalote, l'ail, la pâte de tomates, piment et vinaigre. Tu mets deux tasses de bouillon, et tu laisses mijoter. Attention : les lambis ne doivent pas cuire trop vite ! »

la Charte « à l'interne ». Ainsi, pour éviter de perdre de précieux crédits d'impôt, les gestionnaires avertissaient eux-mêmes les fautifs *crouzeurs* sur un ton ne laissant aucune marge à l'interprétation.

Échafaudé par la même association patronale, un troisième levier consistait en un programme de subventions directes. Il était destiné aux entreprises de moins de cinquante personnes, et se traduisait par le maintien des affectations traditionnelles entre emplois masculins et féminins, répartis en locaux séparés : une façon simple de réduire le risque de dérapage entre les membres du personnel. Cette sensibilité aux réalités fort distinctes des entreprises de diverses tailles était soulignée à grands traits sur le site des Nous-Nous Macoutes, preuve d'une approche résolument inclusive.

La puissante organisation était présidée par Estelle Larchevêque, brillante ingénieure de cinquante ans dont la longue carrière dans ce milieu typiquement masculin était émaillée de mémorables affaires de cœur avec des hommes rencontrés au travail. Dans ses rares moments libres, la Macoute-en-cheffe feuilletait avec nostalgie les pages de son carnet rose, où elle conservait secrètement les photos de ses flammes fugaces. Le grand blond... le beau châtain... le petit moustachu... Après une dizaine de minutes à revivre les délices de son tableau de chasse, Estelle retournait à ses sérieux dossiers, tous liés à l'application de la Charte.

Dès le mois d'avril, d'importants travaux avaient commencé en sourdine dans l'historique bâtiment des Foulanault. Gregory, le revendeur de mobilier usagé, s'était vu proposer une renégociation inusitée de son bail, qui l'avait encouragé à liquider une partie de son lourd inventaire pour libérer le rez-de-chaussée. Entre leurs véhicules stationnés dans la ruelle et les salles où leurs services étaient requis par le devis général, les entrepreneurs spécialisés circulaient par les trois accès de l'arrière : plombiers et électriciens par la porte du saule, menuisiers et plâtriers par celle du tilleul, les autres via celle du peuplier. Le travail avançait méthodiquement, posément, dans le souci d'adapter les superficies à leur prochaine vocation sans altérer le cachet architectural ayant contribué à la renommée du site.

Il s'agissait d'abord de refaire au complet la plomberie. Certaines cloisons devaient aussi être reconstruites pour améliorer l'insonorité, tout en créant une fenestration intérieure rapprochant psychologiquement chaque subdivision des corridors intérieurs. Un gros effort était mis à repenser les réseaux de communication (vraiment pas au niveau sur le plan technologique) sans toutefois perdre le précieux lien entre deux humains conversant l'un face à l'autre.

Témoin de l'époque patrimoniale, l'antique mouluration originelle en bois de tremble chicotait la dame Foulanault. L'arrivée de Julien Awashish, émérite artisan traditionaliste de la communauté atikamekw, la rassura. Usant pour tout outil du couteau à dépecer hérité de sa grand-mère et d'une gamme écologique de produits de finition, aux recettes secrètes retrouvées dans son village, le nouveau venu restaura les belles moulures les unes après les autres. Et en plus il s'avéra un conteur hors pair, avec sa façon si particulière de parler français en différé. Comme si, entre sa langue maternelle et la nôtre, les deux moitiés de son cerveau correspondaient par radio ondes-courtes afin de rendre compréhensibles les images transmises par la sagesse autochtone. Personne ne savait cependant à qui il s'adressait quand il rangeait son matériel le soir :

— Nit aieskosin… ni ka nipan. Wapake ni ka pe takocinin[38].

Au retour d'une fin de semaine de ressourcement spirituel dans sa communauté, il raconta avoir entendu des aînés relater une histoire apprise de leurs propres aînés. Celle des trois artisans de Wemotaci, Manawan et Opitciwan — dont l'un était un aïeul de Julien — qui

---

38. « Je suis fatigué… je vais me coucher. Je reviendrai demain. »

au XIXe siècle avaient descendu la rivière Saint-Maurice en canot, puis continué en train jusqu'à Montréal pour venir tailler la mouluration originale commandée par Monsieur Octave, dont ils avaient gardé un excellent souvenir.

Mises à part les réparations annuelles consciencieuses dont les mandataires successifs s'étaient donné l'habitude, c'était le quatrième ou cinquième projet majeur de rénovations en plus de cent ans ; mais depuis la construction en 1890-93, peut-être le plus ambitieux. Fatoumata supervisait l'ensemble de la transformation, de la fenestration certifiée équitable aux novateurs ascenseurs éoliens, du système de ventilation recyclé jusqu'aux divisions intérieures écologiques.

Toujours de bonne humeur, elle était pendant les pauses-café le boute-en-train des ouvriers. Assise sur un cinq-gallons de ciment à joints, elle échangeait observations techniques avec l'une, humour pimenté avec l'autre, et prédictions sportives avec Julien, qui lui répondait en différé.

Payés chaque mois sans retard, les sous-traitants étaient tous d'une rare ponctualité, s'entraidant volontiers sur le chantier en sifflotant.

LES AGENTS ANTI-RUMEURS

Malgré les premières avancées, les compilations des Nous-Nous Macoutes indiquèrent en juin qu'à peine 20 % de la main-d'œuvre masculine suivait les changements recommandés. Et dans leurs rapports hebdomadaires, bien des patrons mentionnaient les ouï-dire entendus sur leurs planchers à propos d'une prétendue désapprobation des femmes à leur emploi envers la précipitation macoute. Une rumeur colportait même le farfelu souhait — venant supposément de femmes adultes ! — d'obtenir un moratoire dans l'application de la Charte.

Pour contrer ces faussetés, la Ville de Montréal se chargea de ce que la stratégie globale appelait « l'approche de proximité ». Modèle du monde municipal grâce à la gestion optimale de ses revenus de taxes, malgré leur diminution constante d'année en année, la municipalité fut la première à habiliter des contingents d'agents anti-rumeurs, sous la supervision d'une psychologue diplômée de l'Université de Montréal, Marie-Ève Lapensée. Ayant fait carrière en milieu carcéral, cette dernière avait développé une vaste expertise dans la réhabilitation de criminels endurcis. Nombre de motards criminalisés emprisonnés au pénitencier de Sainte-Anne-des-Plaines, idoles des narcotrafiquants de Colombie et du Mexique, étaient ainsi devenus sous son aile des bénévoles assidus pour la Guignolée du temps des Fêtes.

Elle insistait sur sa méthode, persuasive et non pas répressive. Les anti-rumeurs ne devaient surtout pas se croire une force de police, insistait-elle. On penserait même à une « non-police » : des effectifs anonymes et non-armés, agissant sans matraque ni menottes. Plus exactement, elle parlait d'une *a-police*, qui procédait ni par arrestations ni par coercition. Au cours de l'un de ses exposés, un postulant se risqua à demander :

— Voulez-vous dire que nous deviendrons bientôt des a-policiers ?

— Tout à fait, répondit la pédagogue, car vous appliquerez des méthodes a-policières.

Sans aucun signe distinctif, ces agents doubles infiltraient les voisinages publics où les hommes étaient les plus nombreux, simplement pour influencer leurs points de vue en se mêlant incognito aux conversations. Palais des Congrès lors du Salon de l'auto ou cafés sportifs de la Petite-Italie, salons de barbiers de Ville-Émard ou dans les allées de *pièces de chars* au Canadian Tire de Saint-Léonard, partout où la testostérone était majoritaire, les a-policiers de la Ville de Montréal glissaient parmi les échanges « entre gars » de subtils commentaires à propos du caractère dépassé de la séduction en milieu de travail.

Ces thérapeutes fantômes distillaient ainsi un sérum comportemental rendant honteuses les vantardises des Casanova du neuf-à-cinq, ces dinosaures égarés dans le mauvais millénaire. Si bien qu'après quelques mois d'action invisible, plus du quart des hommes en emploi réussissaient le Test des valeurs prévu par la Charte.

Soucieuses de féliciter tout leur personnel, les Nous-Nous Macoutes adressèrent des éloges mérités à tous les artisans de ces premières réussites : formatrices-terrain des ateliers de sensibilisation, fonctionnaires des incitatifs fiscaux ou employés du programme de subventions. Mais surtout aux agents anti-rumeurs, qu'elles nommaient familièrement « l'a-Police de Lapensée ».

Emballé, Lysandre avait applaudi le projet de sa conjointe, y contribuant avec son large réseau de contacts dans les arts et l'éducation. Les amis de leurs enfants conduisirent à d'autres familles de la communauté hétéro-parentale. Discrètement, ces parents mirent dans le coup leurs frères et sœurs célibataires, ou même les gars envers qui pendaient des soupçons d'hétérophilie ostentatoire, ce virus que la Charte cherchait à éradiquer.

Fatoumata donnait rendez-vous aux intéressés sur le chantier, à l'heure où les corps de métier rangeaient leurs outils. Les visites des zones en réaménagement recevaient les commentaires curieux des intéressés, autant pour la mission générale que pour le détail des rénovations. Bien vite, l'ardente directrice à la personnalité un brin contrôlante vit son horaire saturé entre son rôle de mère et son nouveau défi entrepreneurial en couple. Un vendredi matin, ensevelie sous les rendez-vous et désolée de devoir expliquer à son père, qui depuis quatre mois s'occupait beaucoup plus de ses deux petites-filles, qu'elle ne pourrait l'accompagner à la mosquée pour la prière, elle resta interloquée de son commentaire assez sec :

— Fatu! ni yé itchogo yé… I akili bala ika kara môgô yé tôgô mi da ila? A-Fatou-tusseule! Sam bínaani têmê la kô, ali ça I man yêlêmê[39]!

Cette nuit-là, une dure introspection rongea l'esprit de la fille-indigne-barre-oblique-mère-de-famille-barre-oblique-directrice-de-projet-barre-oblique-héritière-patrimoniale : dans quelle histoire s'était-elle embarquée? Dévorée de longues heures par sa réflexion (en bambara, avec l'accent de Laval-des-Rapides), elle s'endormit sur une ferme résolution : d'abord élargir l'équipe de L'Interlope. Un bon défi, assurément, mais qu'elle arriverait à tutoyer par l'impressionnante collection de ses contacts dans toutes les sphères de compétences. Évidemment, resterait le plus difficile pour sa personnalité : déléguer des responsabilités.

---

39. « Fatou, toujours la même… Tu te souviens du surnom que tes professeurs te donnaient à l'école? A-Fatou-tusseule! Eh bien, quarante ans plus tard, tu n'as toujours pas changé! »

Début août, les relevés macoutes signalaient 40 % d'approbation. Donc, les trois cinquièmes de la population ciblée entretenaient *encore* les attitudes archaïques que réprouvait le Progrès ? Manifestement, la méthode douce plafonnait.

— Pourquoi se limiter à ces approches à l'eau de rose ? réfléchit Estelle Larchevêque.

— Approches coûteuses en effectifs déployés, en matériel utilisé, en exonérations fiscales…, souligna sa cheffe de cabinet, et tièdes en résultats !

— Ne sommes-nous pas à l'ère de la technologie ? renchérit leur attachée politique.

Sur cette judicieuse observation, le macoutisme se remobilisa. Le développement éclair du logiciel-espion *E.T.S.* (Espiogiciel du Travail Surveillé) permit d'installer à distance des puces numériques dans les ordinateurs de milliers d'entreprises.

Captant les images furtives autant que les paroles feutrées, le programme E.T.S. transmettait les données en compilation prétraitée. Plus besoin qu'une plaignante se manifeste au sujet d'un collègue trop admirateur, le système s'en chargeait de façon autonome !

En cinq minutes le profil du contrevenant était généré sur la Toile via une application spéciale, gracieusement commanditée par le GAFAM[40]. Implacablement, l'opprobre public fondait sur l'agresseur. Malgré le congédiement sur-le-champ du délictueux, ce dernier avait la chance — d'une certaine façon, difficile à comprendre — d'éviter une comparution judiciaire. De plus, le processus évacuait les éventuelles dénégations — inutiles — de l'innocente victime (de toute façon peu crédibles, compte tenu de son état de choc).

---

40. GAFAM : Google, Apple, Facebook, Amazon, Microsoft. Malgré un famélique chiffre d'affaires (1 260 milliards de dollars US/an), les altruistes désintéressés de cette petite OBNL quémandent encore une présence symbolique dans l'économie de nos pays, et l'exemption définitive d'obligations fiscales trop lourdes pour leur petite taille.

Posé, rationnel, organisé, Lysandre mit cartes sur table face à son amoureuse :

— Ton idée est bonne : tu te concentres sur l'aménagement des locaux, et moi sur la négociation des baux. Mais j'ai une question pour Madame A-Fatou-tusseule : seras-tu capable de ne pas *tout* contrôler ?

— Je vais faire un gros effort sur moi-même... Promis-juré! concéda Fatoumata en faisant jouer ses bracelets. Et puis, la paperasse m'a toujours ennuyée. Si tu t'en occupes, chéri, ce serait pour moi une vraie libération.

En quelques semaines, Fatoumata retrouva une énergie de vivre étonnante. Ses copines de longue date ne pouvaient l'expliquer autrement que par la luminosité de son nouveau stratagème, dont la promotion s'effectuait exclusivement de vive voix, comme les humains du siècle dernier. Et pour ce type de communication, la force de conviction d'une vendeuse doit se nourrir d'une énergie personnelle en effervescence constante. C'est ce que générait l'héritière Foulanault, dont le permanent *yop-la-vie* était devenu hyper-contagieux.

Jusqu'au jour où une application de son cellulaire lui envoya la notification qu'elle espérait ne jamais avoir à lire : *Appeler urgence CHSLD Cartierville*.

Au téléphone, la préposée au chevet de sa mère utilisait le langage protocolaire propre à la triste situation. Ayant envoyé aux jumeaux le texto qu'ils ne voulaient pas recevoir, Fatou se précipita à l'unité de soins palliatifs. Lorsque tous trois entourèrent le lit de la mourante, la respiration en apnée de Sylvie s'espaçait de plus en plus. Dans l'heure qui suivit, la régnante du lignage rendit l'âme dans leurs bras.

Entourés d'amis fidèles, de leurs conjoints et enfants, les survivants procédèrent au rituel funéraire. Mêlant la tristesse de l'évènement au plaisir de se retrouver, vinrent plus d'une soixantaine d'anciens habitués de « L'Interlope version Sylvie », l'infinie diversité multicolore de la Quatrième Coupole. Pour beaucoup de ces LGBTTIQQCAAPNcNbVA2sDP, et comme c'est souvent le cas dans le petit monde de notre petite planète, la mort était l'occasion de célébrer... les vivants.

Tout un mois durant, Fatoumata accusa le coup. Puis un lundi soir, sous l'immense beauté d'un ciel de septembre, elle sortit seule pour aller longuement respirer l'air de l'équinoxe d'automne tout en laissant les vagues de tristesse et d'espoir se mêler en elle. D'un côté pesait le chagrin de se retrouver orpheline de mère ; de l'autre pointait une simple motivation renouvelée : simplement vivre sa vie.

Le hasard de ses pas la mena jusque dans l'est du Plateau. Marchant sur la rue Mont-Royal, elle reconnut de loin la façade de l'ancien Buffet De Lorimier, qu'on lui avait si souvent montré dans son enfance en évoquant l'épisode de 1946, où son arrière-grand-tante Éloïse Foulanault y avait arbitré le débat sur la race entre Jackie Robinson et Lionel Groulx. Rebaptisé depuis *Le Verre bouteille*, l'endroit était devenu l'un des modestes foyers de la culture émergente. En y entrant, elle aperçut effectivement des photos en noir et blanc affichées sur les murs pour rappeler l'histoire du lieu.

S'y tenait ce soir-là une Soirée de libre poésie. Pendant qu'une serveuse résolument pro-active lançait de temps en temps à la ronde : « Un vers livré, un verre offert ! », quelques récidivistes de la scène montréalaise se succédaient sur l'estrade en des pétarades oratoires claironnant les valeurs du XXIe siècle. S'accoudant au bar, la Foulanault crut distinguer parmi la petite foule quelques-uns des personnages hauts en couleur qui avaient fréquenté le 399 de la diversitude, l'ère où sa mère menait la barque à son tour. Mais aucun d'eux ne semblait reconnaître en Fatou « la fille de l'autre », ce qui faisait plutôt son affaire.

Un homme plus vraiment juvénile avait pris le micro, annonçant un poème en rimes classiques. Ayant entrepris de déblatérer des strophes douteuses qu'il conjuguait au féminin, il soulevait des ondes de désapprobation dans une salle manifestement irritée par ce régurgité du XXe siècle. Enchaînant les platitudes misogynes et se trouvant drôle, le type évoquait sa voisine de palier en faisant rimer *nounoune* avec *toutoune*. Jusqu'à ce qu'au fond de la salle, une fille trois fois plus jeune que lui bondisse de son siège et se rue vers la scène. La voix stridente et l'index accusateur, elle péta littéralement les plombs, sous les encouragements du public :

> *Poésie en rimes ? En tout cas, toi, tu fais pas rimer vieillesse avec sagesse !*
>
> *Ta liberté d'expression, c'est pas pour réduire les femmes à des rimes en* oune...
>
> *Ta prochaine, ça va être quoi, genre* noune *?*
>
> *Au-dessus de la ceinture, c'est trop compliqué pour ton âge ?!?*
>
> *Parce que nous, y'a des choses qu'on veut juste plus supporter, OK, Boomer !?!*

163

ET HOP AU POSTE !

L'orage macoute qui se déchaînait dehors ensoleillait les journées de l'équipe grandissante du 399, réunie par la patronne chaque lundi au quartier général pour un suivi du calendrier : échéancier des travaux, règlement des factures et, surtout, mise à jour des occupations. À Fatou s'étaient joints les jumeaux Foulanault, l'un au suivi comptable et l'autre, aux locations, pour assister Lysandre.

Ces deux derniers s'étaient fixé un objectif minimal de trente baux, à moduler selon la superficie dont chaque entreprise avait besoin : une agence de production de spectacles bien établie négociait une entente de trois ans pour la moitié du sous-sol, y combinant entreposage de matériel et bureaux de ses chargés de projets. À l'autre bout du spectre, un centre d'appels pour jeunes en difficulté, éternellement dépendant des fluctuantes subventions aux services communautaires, ne pouvait s'engager pour plus de soixante pieds carrés, renégociable un trimestre à la fois.

Dans le serpentin des sous-espaces de l'historique bâtisse, comment trouver l'adéquation entre les données physiques des locaux et les besoins de chaque futur occupant ? C'était souvent là-dessus que Lysandre ou son beau-frère refilaient le ballon à Fatoumata, qui montrait les plus belles qualités de son bagage génétique. Pour elle, le déplacement d'une cloison, même récemment installée, ne posait pas plus de problèmes que l'insonorisation d'un plafond, tant que les candidats locataires s'en trouvaient heureux. Chaleureuse, à l'écoute de l'espoir entrepreneurial de chacun, elle encourageait de mille conseils un designer de cerfs-volants recyclés à réaliser son rêve, une conceptrice de menus de mariage à faire part de plus d'audace. Proposant des tarifs de location très compétitifs par rapport au pied carré moyen du centre-ville, elle convainquait rapidement une courtière en douane tentée de prendre un peu d'expansion, ou un conférencier en finances personnelles préoccupé de limiter ses frais fixes. Elle rassurait chaque client potentiel : « Notre équipe relèvera le défi de vous aménager des sphères de travail sur mesures. » Et sa brochette de sous-traitants, ces habiles artisans aux mains magiques, gagna vite la réputation de toujours trouver une solution rapide à un remodelage d'espace.

Le plus convainquant restait cependant le bref exposé sur la mission de fond de L'Interlope, en voie de réactualisation, que Lysandre et Fatoumata livraient ensemble chaque jeudi aux intéressés à la location. Après quarante-cinq minutes de présentation en couple, fréquemment interrompue par un jeu de mots salace d'une jeune femme d'affaires ou une blague pimentée d'un travailleur autonome, les entrepreneurs en ressortaient toujours en riant. Et tous repartaient convaincus que la vieille architecture néo-romane serait le nid idéal dans lequel pourrait s'épanouir leur personnel — une clé majeure de leur propre réussite.

Octobre venu, la direction macoute fut confrontée à un dur constat : une moitié du peuple masculin n'adhérait pas encore au projet national, générant quelques questionnements inédits sur la validité morale d'un seuil à 50 % + 1. Mais c'était sous-estimer l'historique fougue de la classe politique québécoise, toujours unanime pour régler sans tarder les grandes questions ! Les Nous-Nous fondatrices se savaient investies d'une mission historique : mettre fin à l'horreur des comportements de séduction dont les femmes étaient les éternelles victimes planétaires. D'abord fallait-il contrer le mutisme affligeant les victimes, tétanisées à la simple perspective de recevoir, chaque semaine, une invitation au resto d'un de leurs mâles voisins de bureau.

Les Macoutes gardèrent donc la pression sur le gouvernement, formé par la Coalition du Progrès, et dont la saine gestion autant que les politiques proposées procédaient de la même rectitude. Le ministère de la Condition féminine compléta ainsi en accéléré la formation des premiers quatre mille Auxiliaires d'intervention, d'action beaucoup plus incisive que l'a-Police et déployées pour donner suite aux notifications de tout comportement anti-Charte. Pour soutenir l'efficacité de ces forces fraîches, la législation contenait une disposition innovante : les dénonciations anonymes, via des pseudonymes sur les médias sociaux.

Avec les Auxiliaires, finies les approches douces : vêtus d'uniformes arborant le logo de la Charte, ces effectifs se déployaient de façon paramilitaire pour sécuriser le périmètre de tout immeuble camouflant des dissidents aux valeurs du Progrès. Sous les faisceaux blafards des gyrophares, ces derniers n'avaient d'autre issue que de se rendre un à un, les mains sur la tête, pour être jetés dans des véhicules blindés, pendant qu'aux fenêtres des silhouettes féminines atterrées se désolaient de n'avoir pu mieux soustraire aux délations leurs malheureux collègues. Cette grande avancée de l'état de droit permit rapidement d'étoffer les premières condamnations, dont la jurisprudence charpenta l'avancée du Progrès.

Mais dans leur lutte contre l'Empire du Mâle, la seule action des Auxiliaires, aussi zélée soit-elle, n'enrayait pas l'entièreté du problème. Dans un tissu économique de micro-structures et de sous-traitance, la courte vie de nombreuses T.T.E. (tites tites entreprises), qui souvent fermaient leur porte après trois mois et cédaient leur place à d'autres, échappait au contrôle exhaustif. Après une longue réunion, l'état-major macoute dut se rendre à l'évidence : il fallait un appui tactique des forces de l'ordre.

Elles contactèrent alors la Coordination régionale du service de police. Suivant à la lettre les priorités reçues de son ministère de tutelle, le directeur du SPVM rappela lui-même le lendemain la Macoute-en-cheffe pour saisir l'ampleur exacte du problème. Avant de raccrocher, il lui promit de huiler un mécanisme qui permettrait à la Coordination de mieux servir l'intérêt public.

En ce froid mercredi avant-midi de la mi-décembre 2029, Fatoumata Foulanault sortit sur le trottoir de la *Main* en grillant une cigarette, qu'elle tenait négligemment de la main droite. Elle s'accordait ainsi une pause de cette gestion immobilière qui l'enthousiasmait chaque jour un peu plus, à mesure que sortait de la médiocrité l'immeuble commercial dont, depuis cinq générations, sa famille était propriétaire, sis sur le célèbre boulevard Saint-Laurent, à l'angle de la rue Sainte-Catherine.

    Elle gardait la main gauche sur son sac à main, tâtant à travers le cuir le porte-cartes qu'elle n'oubliait plus jamais d'emporter. Dans un de ces magasins de broc et de breloques, elle acheta d'horribles fleurs artificielles aux couleurs délavées, en demandant un emballage-cadeau et une carte de vœux.

    Ressortant dans l'air froid, Fatoumata regarda machinalement la boutique voisine, celle du quart-de-siècle-de-gloire-et-de-victoires : le neurasthénique album de textes et photos *Les Canadiens de Montréal, 1994-2019* n'était plus en vitrine. Fatou en resta bouche bée.

    Elle entra dans le commerce : oui, le seul exemplaire de cet ouvrage avait bel et bien été vendu le matin même. Comme quoi rien ne peut contrer l'optimisme d'un fidèle partisan croyant en sa passion ! Était-ce, venu du ciel, un message d'espoir à la responsable du 399 ?

    En revenant dans l'Agora des huit couleurs pour le dîner de Noël que la troupe partagerait avant le congé des Fêtes, elle trouva toute l'équipe en train de monter la table pour le *party* de bureau : ses deux frères et Lysandre, bien sûr, et la bande de joyeux drilles (électriciennes et menuisiers, plombiers et décoratrices) qui depuis huit mois vivaient presque comme des colocataires quarante heures par semaine. Et aussi Julien, qui classait ses produits de finition dans son coin.

La tante de Fatou avait cuisiné toute la nuit pour livrer, sur une immense nappe reproduisant le drapeau du Mali, un véritable festin : pâtes teuf-teuf, mafé sauce pintade, djouka de fonio, poulet yassa, borokhé, et le saame, cette recette de riz au gras dont raffolaient les jumeaux. Avec les froufrous arrosés de bissap, la table du chantier — deux gros contreplaqués posés sur chevalets — servait un menu de rois !

Ayant depuis des mois écouté (en différé) les marmonnages de Julien, la Foulanault convoqua son monde en trois mots — « Aci apita kicikaw[41] ! » — avec son accent de Laval-des-Rapides.

Après le dessert (le dégué, autre spécialité de la tante) vint le clou du programme : l'échange de cadeaux. L'humour cornichon des ouvriers avait imposé le thème du cadeau le plus *quétaine*, à offrir à celui ou celle dont on avait pigé le nom. Calendrier Pirelli ou celui des pompiers, pantoufles en Phentex ou mitaines pour canettes de bière glacée, l'antiesthétique montait en crescendo : Sacré-Cœur qui illumine dans le noir, horloge à l'image de Céline Dion…

Il fallut expliquer à la tante malienne le second degré de l'exercice lorsqu'elle défit son paquet : un psychotronique nain de jardin au faciès négroïde, habillé d'un boubou de couleurs africaines et portant sur la tête deux bananes et une noix de coco. Et la rigolade continuait : photo-souvenir du pape Jean-Paul II au Parc Jarry, casque de bain à l'effigie d'Elvis, statuette pour le centenaire du scoutisme, cendrier aux couleurs des Expos, compilation de chansons du Noël des Campeurs…

Il ne restait que Julien et Fatoumata à recevoir leurs présents, forcément l'un récipiendaire de l'autre. Ayant trouvé à son nom une carte de vœux annonçant « l'éternelle splendeur de l'artisanat autochtone », le premier retira de son emballage un désolant bouquet de fleurs artificielles aux couleurs des Premières Nations. Beau joueur, l'artisan atikamekw éclata d'un rire où l'autodérision se mêlait à la satisfaction vengeresse de la conclusion à venir.

---

41. « C'est l'heure du dîner ! »

Car la gestionnaire immobilière, avec un sourire résigné, avait deviné ce qui l'attendait. Elle reçut, joliment enveloppé, ce qui ne pouvait être qu'un livre, avec un mot rédigé sur un carton bleu-blanc-rouge. Pour tourner le fer dans la plaie, Julien exigea que Fatou en lût les vœux à haute voix avant de déballer le cadeau :

> *À notre amie Fatoumata, indéfectible partisane*
> *du Canadien de Montréal,*
> *daigne recevoir cette encourageante lecture,*
> *pour un autre quart de siècle*
> *d'espoirs et de déboires…*

Depuis une trentaine d'années au siège de la Coordination du service de police, dans ses fonctions d'archivage des enquêtes fermées s'ennuyait à mourir Maria-Virgem Da Exaltação, devenue lieutenante du SPVM par l'automatisme des promotions statutaires. Maintenant dans la cinquantaine avancée, la toujours séduisante policière brésilo-québécoise conservait comme fond d'écran une photo d'elle en début de carrière, la montrant costumée d'une tenue hyper sexy en sergente du vendredi soir, entourée de quatre beaux bonhommes qui souriaient dans leur uniforme du poste 22. Ah ! La grande époque !

Par un matin pluvieux où, suivant la procédure (revêtue du lourd gilet pare-balles et du ceinturon à pistolet, indispensables dans ses fonctions d'archivage), elle compressait des fichiers inutiles en rêvassant à un retour au pays natal, elle fut appelée chez son patron. Haut gradé dans la soixantaine, le directeur du SPVM s'était astreint depuis des années à observer chaque jour la jolie sud-américaine (de face et de profil, mais surtout de dos).

Il lui présenta une offre d'affectation qu'il avait lui-même rédigée. À la demande express des Nous-Nous Macoutes, une nouvelle brigade était en constitution, et on s'intéressait à ses aptitudes professionnelles. N'avait-elle pas, peu après son arrivée du Brésil, décroché d'abord un premier diplôme en comptabilité ?

Cela la qualifiait amplement pour diriger une fausse agence de services comptables, montée de toutes pièces pour infiltrer diverses entreprises. L'ex-joueuse étoile de l'ancienne Brigade guidoune du 22 accepta avec enthousiasme, obtenant carte blanche pour le recrutement du personnel. La chevronnée lieutenante forma vingt équipes mixtes, comprenant chacune une jeune policière choisie « sur photos » parmi les fichiers des ressources humaines.

Grâce aux tarifs artificiellement bas qu'ils offraient aux PME débordées par la règlementation fiscale, les vrais agents de la fausse agence obtinrent aisément leurs premiers mandats de gestion de la paie. Pour mousser le lancement de ce nouveau service, la brigade fit émettre pendant un mois par Revenu Québec de faux « avis de non-conformité fiscale » juste avant le démarchage commercial par les vrais-faux représentants. Rapidement, le carnet de mandats se remplit au-delà des objectifs, forçant la formation d'équipes supplémentaires.

Derrière la grise façade néo-romane aux fenêtres encore masquées de l'intérieur, les anonymes portes de service de la ruelle accueillaient discrètement les véhicules de livraison. Équipements de production et boîtes de documents y transitaient chaque jour vers une destination fraîchement repeinte avant chaque nouvel emménagement. Avec trente-cinq petites entreprises occupant désormais le territoire, Lysandre et son beau-frère avaient dépassé leur objectif et cessé leur marketing verbal pour gérer la liste d'attente. Recevant les nouveaux locataires dans

171

un bureau sans fenêtres, Fatoumata encaissait les loyers. Sans peur de reproches au plan fiscal : la Fondation Intermède (depuis toujours le propriétaire officiel) avait payé un an à l'avance taxes et impôts.

Ces petites sociétés, qui au départ ne se connaissaient pas, étaient toutes actives dans l'économie réelle, couvrant un éventail de domaines allant des métiers franchement « cols bleus » (buanderie pour hôtels, réparateurs d'ascenseurs) jusqu'aux professions plus moyenne gamme : maisons d'édition ou courtiers d'assurances. Dans la cafétéria commune du troisième étage, les effluves reflétaient cette mixité de classes sociales, mêlant odeurs de poutine au jambon et de sushis végétaliens. Cette grande salle aménagée sous le toit avait presque l'ambiance d'une rue piétonne, mais STRICTEMENT réservée au personnel des entreprises résidantes et sans consommation d'alcool — on était quand même en horaires de travail.

Seul un regard averti aurait pu noter un rare trait commun : leurs activités, légales jusqu'à la banalité, ne requéraient jamais la venue de clients ou de fournisseurs. Au besoin, quelques employés se déplaçaient dans le Grand Montréal pour rencontrer leurs interlocuteurs. Ces entreprises échangeaient avec leur clientèle surtout via les plates-formes virtuelles ou par le déplacement de leurs représentants. On n'y trouvait ni clinique ni salon de coiffure, encore moins de commerces de détail, hormis ceux destinés au personnel occupant. Et chaque unité avait inscrit ailleurs son adresse officielle.

La maison ne se mêlait pas de la gestion interne des entreprises locataires, sauf sur un point : en notant le nombre d'hommes et de femmes employés par chacune, avec sous-totaux pour chaque étage et deux grands totaux pour l'ensemble. Visant la parité dans la compilation des baux comme dans toutes les phases de sa vie, Lysandre y maintenait autant que possible un juste équilibre dans les pourcentages hommes-femmes. Son chiffre magique était facile à retenir : 50-50.

La nouvelle approche du SPVM, que les policiers surnommaient entre eux « la Brigade pitoune », reposait sur la stratégie très songée suggérée par les Nous-Nous : un pseudo-comptable se présentait en début de semaine, accompagné d'une pseudo-assistante, pour vérifier la tenue de livres dans les bureaux mêmes de l'entreprise cliente, devant des dirigeants angoissés par la menace de cette épée de Damoclès que serait l'annonce d'une vérification fiscale complète.

    Pendant une journée ou deux, le duo faisait le tour du personnel, vérifiant si la situation maritale de chacun concordait avec les données du registre de paie. La troisième journée, habituellement le jour de la paie, la vraie-fausse assistante arrivait seule (prétextant une urgence ailleurs de son associé), vêtue d'une tenue soigneusement choisie et parée d'élégantes boucles d'oreilles aux teintes suaves.

    Immanquablement, parmi le personnel masculin un charmeur venait tenter sa chance à la dérobée, proposant à la jolie policière en civil d'aller prendre un verre en fin de journée. Pendant que le coq imprudent caquetait à voix basse ses compliments, la belle poulette jetait des regards confus aux alentours de la basse-cour, hésitant timidement pendant que le teint rose foncé lui montait aux joues.

    La gêne apparente de son sourire, le ton confidentiel qu'elle affectait de prendre, sa respiration savamment juste un peu saccadée, toute cette chorégraphie laissait assez de temps d'enregistrement au micro caché dans une boucle d'oreille et à la caméra dissimulée dans l'autre pour assurer le coup de filet. Arrivant à 17 h 30 au bar convenu, insouciant du fourgon cellulaire stationné plus loin, le malfaiteur était accueilli par deux vraies polices, qui se dépêchaient de lui lire ses droits. Et hop au poste!

L'y attendait l'équipe de la lieutenante responsable de cette nouvelle et efficace brigade pour la séance-photo précédant la mise en cellule, bien que la lieutenante elle-même ne fusse pas toujours présente ; car pour les plus grosses prises, souvent des grands patrons au faîte de leur carrière, la fausse agence comptable envoyait une vérificatrice fiscale de rang élevé, présentée comme une haute-fonctionnaire d'expérience disposant d'une marge décisionnelle très large…

Par ses allusions voilées à un possible abandon des menaces de redressement fiscal, l'élégante dame mature, à l'allure de courtisane romaine et aux bijoux de mêmes teintes suaves que les mignonnes policières en civil, se faisait souvent inviter à l'opéra par le PDG aux cheveux gris.

Le pauvre ne pouvait s'empêcher de complimenter tant de grâce et de beauté, complètement étourdi de contempler l'inégalable chute de reins de la lieutenante Maria-Virgem Da Exaltação, ravie de performer encore à son âge. Et hop au poste !

LE DÉBAT DES CHEFFES

Pendant la crémaillère le 14 février 2030 dans l'Agora des huit couleurs, au plancher de marbre resplendissant sous son récent polissage, c'est avec un clin d'œil complice que se rejoignirent les nouveaux occupants de l'édifice, qui tous avaient pris le maquis pour échapper à la Charte.

Dans une main un verre de mousseux, et de l'autre répondant aux caresses spontanées qui fusaient de partout, ces rescapés du régime macoute fêtaient comme l'eurent fait à l'arrivée sur une île déserte les naufragés du Titanic.

Parmi les joyeux effectifs rassemblés en cette Saint-Valentin, on improvisait des rôles comiques. L'un d'eux caricaturait un agent anti-rumeurs de l'a-Police de Lapensée, puis une autre imitait le ton roucouleur des policières en civil de la Brigade pitoune. Rayonnant d'avoir enfin trouvé un havre les abritant de la tempête, hommes et femmes de l'ancienne culture dominante trouvaient la situation assez cocasse : réinvestir le territoire abandonné par les minorités sexuelles tour à tour normalisées par vagues successives depuis cent ans.

En quelques jours, tout le monde fut installé. Chaque entreprise avait obligatoirement abandonné derrière elle ses anciens ordinateurs (tous infestés par le logiciel E.T.S. ou autres virus macoutes) pour profiter du système informatique hyper-sécurisé que fournissait L'Interlope. Autour des « terminaux multi-bureautique » que se partageaient gratuitement les occupants, les employé-e-s des divers bureaux s'amusaient à se faire de l'œil, et les effleurements « là où le dos perd son nom » y étaient la norme.

Enfin une zone ombragée pour profiter des jeux de séduction... tout en gagnant sa vie! Sans aller plus loin trop vite, car en dehors du boulot la majorité d'entre eux, comme la plupart d'entre elles, formaient des couples hétéros et souvent monogames bien dans leur peau — avec d'autres interlopistes ou non, peu importe. Mais tant qu'à remplir toute la semaine une tâche exigeante dans leur créneau respectif, pourquoi ne pas la poivrer de quelques avances inoffensives ?

Dans les ascenseurs, le *crouzage* ludique montait d'un cran. Même si la plupart du temps le galant plein d'espoir se faisait doucement répliquer que son baiser dans le cou n'aurait pas de suite. Sans rancune de l'une, sans regret pour l'autre !

Et s'il était vrai que certaines femmes se lassaient parfois d'un trop-plein de caresses d'ascenseur, elles n'avaient qu'à prendre l'escalier ! Car comme elles l'avouaient toutes en se regardant de profil dans le miroir : « Une journée-escaliers par semaine ne fait que du bien pour la couenne. »

Lors d'un congrès spécial, les Nous-Nous Macoutes écoutèrent leur dirigeante livrer un vibrant discours devant l'immense complexe qu'elles occupaient à Montréal-Nord, sur le boulevard Maurice-Duplessis. À l'ombre de la statue de l'ancien premier ministre de l'Union nationale, précurseur de la notion du vivre-ensemble, Estelle Larchevêque dénonçait « le sexe pathologique » de certains hétérosexuels notoires, ou « les amours contre nature » qui pouvaient survenir entre collègues de travail. L'inimitable oratrice glorifiait la féminitude, ce terreau des grandes solidarités et des petites intuitions, mais se méfiait de la *masculinitude*, ce marécage nauséabond au confluent putride du patriarcat mondial et de la déviance phallocrate.

À mille lieues, dans l'austérité du pavillon construit sur le toit, Fatou et l'un de ses frères tenaient minutieusement à jour la comptabilité i-nat-ta-qua-ble qu'avait implantée leur ancêtre il y a plus d'un siècle sur le conseil du chef de police. Et chaque soir à l'heure du bulletin de nouvelles, réunissant dans l'Agora toute l'équipe en un chœur d'approbation, ils priaient tous ensemble. Oui, devant un immense logo de la Charte, qu'encadraient d'un côté la photo de Larchevêque et de l'autre la bannière de la Coalition du Progrès, Fatoumata Foulanault priait Allah et son Prophète pour que l'irremplaçable Macoute-en-cheffe vécût éternellement.

Avec une telle dirigeante, de quelle publicité L'Interlope avait-il encore besoin ?

La salle côté sud du 399 abritait désormais une succursale de La Ligne verte, sous l'immense photo de l'héritière Foulanault lisant *Le Savoir*, accoudée un an plus tôt au kiosque originel du métro Saint-Laurent. En plus de l'étalage de fruits et légumes, des journaux et du café chaud, Lǚ Xiàn avait installé sous le cliché historique une belle gamme de bouquets de Saint-Valentin (bien sûr, en vente toute l'année) et une nouvelle section de spécialités chinoises : bonbons aphrodisiaques, huiles de massage, sous-vêtements affriolants, lubrifiants variés. Les employés masculins pouvaient en acheter sans être trop vus ; ensuite, La Ligne verte livrait gratuitement le cadeau coquin à la collègue choisie. Pour Xiàn et sa famille, l'éclatant succès de cette trouvaille égalait celui de l'exportation du pâté chinois par leur aïeule.

Pour maximiser les chances « d'interaction professionnelle » entre individus, l'équipe gestionnaire prévoyait mille façons d'aider les entreprises clientes. Même un service de location de mobilier de bureau, relogé dans un coin du sous-sol sous un nom charmeur, L'Esthétique du design, où Gregory proposait des modèles de crédences au charme suranné des teintes de mélamine du siècle passé.

Toutefois, la cafétéria, baptisée l'Hétéro-clit', restait sans conteste pour les dames la zone payante pour récolter des compliments fripons. Même les plus malchanceux se voyaient récompensés au moins d'un sourire après avoir félicité la jolie rousse pour sa jupe fendue, ou la petite châtaine pour son décolleté moulant. Il faut dire que la maison n'avait pas lésiné sur le budget d'aménagement de ces sensuels environs : fontaines intérieures et musique d'ambiance, splendide fenestration vers le mont Royal et terrasse abritée côté fleuve. L'amusement induit par ce nouveau marivaudage déclassa rapidement la platitude des sites Internet de même type — dont, curieusement, la fréquentation par les interlopistes était trois fois moindre qu'en société.

Estelle Larchevêque exhortait chaque jour son équipe à *concilier* leurs diverses approches. Réitérant sa détermination de rendre obligatoire le Test des valeurs aux hommes en emploi, le mouvement macoute proposa un débat public portant sur le plafond annuel des permis de travail que le gouvernement pourrait autoriser pour le personnel masculin. L'horizon électoral s'y prêtant (des élections générales étaient au calendrier de l'année suivante), un regroupement des télédiffuseurs négocia avec l'ensemble de la classe politique un format de débat télévisé. Dans la forteresse abritant les bureaux du pouvoir politique se pointa discrètement le lendemain André·e Léveillé·e, l'experte grammairienne de l'écriture inclusive, pour une consultation confidentielle auprès de la cheffe du gouvernement.

Un mardi à 20 h, le *Débat des cheffes* se déroula pendant une heure à la télévision dans un déluge de chiffres difficile à suivre pour le commun des mortels. Deux millions d'employés masculins à la fois ? Ou 2,2 millions ? Et pourquoi pas 1,8 ou 2,5 millions ? En d'autres mots, au-delà des nombres, sur quels critères établir des maximas acceptables d'employés masculins ?

De claire tendance pro-entreprises, la cheffe de l'opposition officielle à l'Assemblée nationale relayait la préoccupation des secteurs industriels, où la pénurie de compétences handicapait plusieurs catégories de postes encore souvent boudés par les femmes. Invitée à intervenir, elle critiqua la coalition au pouvoir :

— Est-ce réaliste de prévoir recycler chaque année deux cents éducatrices de garderies en techniciennes de carrosserie automobile ? Simplement à cause de vos objectifs mal calculés de nombre plafond d'emplois masculins ?

Tirant d'un autre angle, la cheffe intérimaire d'un autre parti, identifiée aux mouvances populistes, martelait les conséquences « inconciliables au maintien des valeurs de la Charte » d'une arrivée incontrôlée d'ENCORE plus d'hommes dans le monde du travail :

— Une invasion massive, aveugle, et sans aucune balise ! Est-on en train de perdre complètement le contrôle sur NOS valeurs, sur NOTRE société, dans laquelle on a mis tant d'efforts ces derniers mois pour implanter le Progrès ?

À son tour invitée par l'animateur, la co-porte-parole du parti le plus à gauche, donc par nature proche des groupes communautaires, lui répliqua :

— Le Progrès, le Progrès… Quand vous parlez de progrès, vous semblez oublier LES EXCLUS de ce fameux progrès : tous ces pauvres gens ayant des difficultés diverses à s'adapter aux changements socio-économiques. Exemple, après mille promesses, où sont les budgets promis aux groupes d'entraide ? Dans ma circonscription, l'Association des Hétéros Anonymes attend toujours son chèque !

Gardant un œil sur la campagne électorale qui pointait, la rusée première ministre laissa les autres épuiser leurs temps de parole. Et à 20 h 45 précises (le pic d'audience prévu par ses conseillers), elle saisit son moment. Regardant la caméra (à l'évidence, pour s'adresser d'abord à sa propre base politique) et montrant sa versatilité linguistique, Martine Charrette réussit à traduire le lourd jargon législatif de la Charte en quelques mots facilement compréhensibles pour le grand public :

— Merci à toustes les commentateurixes, et touxes celleuxes des nouvelleux contributeurixes alliæs, ainsi qu'à Misix les politiciems participanxes a lo débat des chefxes, cèx eleganx orateurices, toustes et chacun* si déterminæs. Nous sommes restæs douxes entre nouxes, et Monestre lia animateurice, aël est restæ si patient* ! (*Faisant une pause*) Damoixes téléspectateurices, toustes vos proches — frœurs, tancles, nevèces — sont toustes contens des nombreuxes nouvols travailleurices — musicæns ou mecanicienxes, patroms ou employæs, maitrems établixes ou nouvelleaux diplomæs — chacun* etant invitæ par ims. Et toustes ceuzes qui restent indécixes, interpellæs ? Yels sont aussi désireuxes d'être heureuxes. Comme le dit maon ban voisaine — um granx poex, olle qui est restæ éternyel bonx amy do citoyen* moyenx, envers loquyel ul reste dévouæ : restons touxes mobilisæs[42] !

Elle argumentait ainsi pour une intégration harmonieuse sans reculer sur le fond, puis enchaîna avec l'esquisse d'un vrai projet de société : la formation continue aux valeurs de la Charte. Une formation

---

42. Traduction de l'écriture inclusive à grammaire neutre vers le langage politicien :
Merci à tous les commentateurs, et tous ceux des nouveaux contributeurs alliés, ainsi qu'à Mesdames les politiciennes participant au débat des cheffes, ces élégantes oratrices, toutes et chacune si déterminées. Nous sommes restées ce soir douces entre nous, et Monsieur l'animateur, il est resté si patient !

Mesdames et Messieurs les téléspectateurs, tous vos proches — frères et sœurs, oncles et tantes, neveux et nièces — sont tous contents des nombreux nouveaux travailleurs — musiciens ou mécaniciens, patrons ou employés, maîtres établis ou nouveaux diplômés — chacun étant invité par eux. Et tous ceux qui restent indécis, interpellés ? Ils sont aussi désireux d'être heureux. Comme le dit mon voisin — un grand poète, lui qui est resté éternel bon ami du citoyen moyen, envers lequel il reste dévoué : restons tous mobilisés ! »

continue que l'État (qui n'a pas le monopole de la vérité, reconnaissait-elle modestement) pourrait dispenser en partenariat avec différents acteurs : syndicats, corporations professionnelles, associations patronales, communautés autochtones, conseils scolaires, ou autres instances.

En fait, la cheffe du gouvernement fit surtout la démonstration de maîtriser l'art de dire à la fois une chose et son contraire. Sans vouloir explicitement limiter les quotas annuels d'hommes admis à occuper différents secteurs d'emploi, sans non plus le nier, la cheffe de la Coalition du Progrès réussit à conclure le débat avec une formule gagnante (inspirée d'une tournure semblable créée douze ans plus tôt) qui s'adressait cette fois-ci à l'ensemble de l'électorat :

— Les travailleurs masculins, on va peut-être en prendre moins, mais on va en prendre soin.

LE PLAN DE MATCH

Bien que décomplexées côté séduction, les travailleuses installées à L'Interlope conservaient un comportement du dernier millénaire : des actives-passives, à l'aise avec l'idée que « le gars propose, la fille dispose ». Encore que, pour pouvoir disposer, il fallait quand même pouvoir se faire proposer…

Durant leurs sorties de filles du mardi soir, elles tenaient souvent de très sérieux mini-séminaires basés sur le langage de la science économique : pour s'assurer que *l'offre* soit en adéquation avec *la demande*, il faut encourager les activités des *fournisseurs de services*, d'abord en maintenant l'intérêt de *la demande* pour ces *services*. De plus, il importe de limiter les entraves réglementaires aux initiatives de ces *fournisseurs de services*, qui sinon risqueraient d'empêcher *la demande* de jouir d'une *offre* suffisamment ferme.

C'est pourquoi elles endossèrent sans réserve un fin principe philosophique énoncé au printemps par l'entraîneur du Canadien dans les pages du *'Ournal de Monrial*, le grand quotidien de la réflexion dialecticienne. Fidèle à sa mission de traiter tout syllogisme argumentaire avec une profondeur casuistique, la savante publication était reconnue sur les six continents comme véritable creuset de synthèse entre essais de prospective et finesse littéraire. Depuis 1964 carrefour mondial des philologues du sanskrit et de la métaphysique kantienne, « le plus grand journal en français d'Amérique » (au fondateur lui-même issu de la Faculté de philosophie) voyait ses lecteurs attendre chaque matin avec fébrilité l'édition du jour pour saisir l'actualité d'une façon tout à fait transcendante, transmise de génération en génération : commencer la lecture par la fin, puis arrêter au milieu.

Au printemps, donc, les partisans montréalais avaient vu leurs Glorieux éliminés en huitième de finale de la Ligue nationale de hockey. Le Bleu-blanc-rouge avait terminé sa saison en rentrant la tête basse au vestiaire, désolé de n'avoir pu satisfaire la foule montréalaise, sa partenaire de toujours. Cette dernière, au départ excitée de la virile ardeur affichée, avait rapidement déchanté, encore une fois à cause du sempiternel syndrome d'élimination précoce. Elle se retrouva assise les bras croisés, bafouée dans ses désirs, pendant que chaque gars, traînant devant lui son mou bâton dégoulinant de honte, se promenait piteusement dans la chambre avant de se sauver vers la douche. Une fois de plus…

À court d'explications, le pilote du Tricolore s'était mis à critiquer le travail des arbitres. Sous les célèbres photos de douze anciens capitaines des Habitants, chacun soulevant la Coupe Stanley en son époque, le *coach* se vida le cœur devant un parterre de journalistes. Selon lui, dès qu'un de ses ailiers s'élançait vers le filet, les officiels en gilet rayé avaient la fâcheuse habitude de siffler un hors-jeu, voire de décerner une punition lorsqu'un de ses attaquants était seul dans l'enclave avec la rondelle. Pire encore, certains de ses meilleurs joueurs écopaient ensuite de suspensions exagérées.

Le lendemain, en avant-avant-dernière page du *'Ournal de Monrial* (donc en page 3 pour ses lecteurs) s'étendait sur six colonnes une déclaration-choc de l'instructeur de la Sainte-Flanelle. En toute cohérence avec leur propre vision du monde, les femmes en emploi au 399 la découpèrent et la laminèrent (après y avoir ajouté deux guillemets), puis apposèrent au mur de la cafétéria le fameux postulat philosophique édité dans le *'Ournal* :

Quand même que t'aurais le meilleur « plan de match »,
si pas personne peut tirer au but,
pas personne pourra jamais scorer !

Entendons-nous : malgré toute cette permissivité affichée, le château Foulanault n'avait rien d'un bar-rencontre, encore moins d'un club échangiste. La sexualité s'y limitait aux premiers pas, sans plus, et sans la répétition qui fait perdre son charme à ces douceurs gratuites. Les éventuelles suites à donner se passaient le soir entre les quatre murs d'un logement. Ou à défaut, le midi au Motel Idéal, partageant à deux la facture pour « la sieste ».

Notre chère métropole reste une petite planète : rapidement, le quartier se douta que les quatre niveaux néo-romans contournaient la Charte de la Prohibition. Mais la rumeur publique s'en tint au même aphorisme que lors de l'inauguration de la Première Coupole au XIXe siècle : à l'extérieur, on feignait l'ignorance ; on savait sans savoir...

Courraient néanmoins quelques allégations difficilement vérifiables, par exemple que certaines entreprises logées dans l'immeuble employaient d'anciennes Nous-Nous Macoutes. On comprend que ces féministes de haut-rang, défroquées de leur congrégation puis reconverties au *crouzage du neuf-à-cinq*, restaient plutôt vagues sur leur parcours professionnel.

L'une d'elles, ancienne vice-présidente des Nous-Nous, s'était d'ailleurs retrouvée quelque temps auparavant dans une position suffisamment délicate pour que sa superviseure hiérarchique, nulle autre qu'Estelle Larchevêque elle-même, exige sur-le-champ sa démission. L'imprudente avait en effet été prise en flagrant délit avec un concepteur graphique, dans son propre bureau du siège macoute à Montréal-Nord, dans une position, disions-nous, fort peu conforme à l'idéologie de la Charte. Si elle ne fut pas judiciairement accusée, le pauvre graphiste, lui...

Alors que sa famille la croyait exilée à Zanzibar, l'ancienne vice-présidente macoute avait simplement intégré, sous un nom d'emprunt, le service téléphonique d'une compagnie de location de chapiteaux de cirque établie au 399, bénéficiant entre deux prises d'appels des joies du papillonnage occasionnel avec les hommes du local voisin qui brisait la routine de ses bureautiques semaines de travail.

Sous l'expérimentée supervision de la lieutenante Maria-Virgem Da Exaltação, les jolies policières de la Brigade pitoune transmettaient diligemment à la procureure générale les dossiers d'enquête qu'elles avaient, à grands risques personnels, constitués sur le terrain. Avec, au cœur de chacun, les enregistrements audio et vidéo documentant chaque cas.

Confrontés à une preuve accablante d'« avance initiale non-sollicitée », les accusés n'avaient d'autre choix que d'avouer leurs atrocités. Pour les cas les plus légers, la clémence du tribunal se limitait à imposer une première amende, souvent annulée si le délinquant s'engageait à devenir lui-même informateur pour le compte des Macoutes. Par souci d'équité envers les bas-salariés, une deuxième offense pouvait aussi être purgée en travaux communautaires, par exemple au service des buffets de sensibilisation en entreprises.

Restaient les cas lourds : les multirécidivistes, pour lesquels l'incarcération restait la seule solution. Encore là se révélait l'humanité de la Justice : ceux que les Nous-Nous étiquetaient de « repentis » voyaient leur peine commuée en assignation à domicile s'ils collaboraient en dénonçant d'anciens collègues.

Malgré la miséricorde de ces options de justice réparatrice, les pénitenciers débordaient, conséquence de l'efficience de la stratégie macoute qui avait conduit à la création d'un quartier cellulaire à sécurité maximum enfoui au dernier sous-sol du palais de justice de Montréal.

Bien sûr, certains corridors de tours de bureaux bruissaient d'un léger mécontentement des collègues féminines, elles qui devaient allonger leurs propres semaines de travail pour compenser l'absence des incarcérés. Mais l'omelette du Progrès ne se fait pas sans casser quelques œufs, rappelaient les Macoutes.

Pour chapeauter leur dispositif, leurs dirigeantes obtinrent la construction d'un Tribunal spécial sur la place de Madrid, récemment aménagée autour de la statue de Tomás de Torquemada[43]. Offerte au gouvernement canadien par nul autre que Sa Majesté catholique le Roi des Espagnes, Felipe VI de Borbón y Borbón, l'imposante sculpture devait être bientôt dévoilée par le nouvel ambassadeur espagnol.

Au siège des Nous-Nous Macoutes, la présidente se détendait ce jour-là avec son passe-temps favori : tenter de se souvenir des circonstances exactes de l'amourette de bureau que lui rappelait une page ouverte au hasard dans son carnet à couverture rose. Le grand Gaspésien… ou le bel Italien ? La fois de la visite au barrage de la Manic, ou celle du chantier du pont Champlain ? Et surtout, comment s'était conclue l'aventure ? Dans le stationnement souterrain qu'elle utilisait il y a cinq ans ? Ou en début de soirée dans une salle de conférence désertée lors de la grande tempête de neige en 2013 ?

---

43. À la fin du XVe siècle en Espagne, ce jovial animateur en loisirs auprès des minorités religieuses (musulmane, protestante, mais surtout juive) fut chargé de la *Sainte Inquisition*. La panoplie d'activités relaxantes de son réseau de camps de vacances pour familles non-catholiques incluait de rassembleurs brasiers publics. Il y invita gratuitement dix mille Juifs espagnols, qui le vécurent comme un point tournant de leur existence.

Une adjointe entrouvrit soudainement la porte, poussant sa patronne à ranger précipitamment son carnet dans un tiroir. Lui rappelant sa demande de préparer la salle de visionnement, l'adjointe lui confirma :

— Le reportage de l'inauguration commence maintenant à la télé, en direct.

Flanqué de la ministre de la Justice du Québec, l'ambassadeur d'Espagne livra une brillante allocution, où tous entendirent un appui à l'application de la Charte. Sous l'œil approbateur de la statue inquisitrice de Torquemada, le diplomate souligna d'abord l'importance de la loyauté envers les institutions. Mais aussi, concluait Son Excellence Mariano Rajoy[44], « chacun de nous, les responsables politiques, avons le devoir de respecter la démocratie, peu importe le résultat des urnes ».

Après le court visionnement, une séance de travail attendait Larchevêque au centre de documentation des installations macoutes. Une recherchiste lui présenta le dossier qu'elle avait commandé : un résumé historique des conciles catholiques. Médiéviste amateur, Estelle s'inspirait souvent des lumières éthiques du Moyen Âge pour interpréter la sombre complexité de notre monde moderne.

Depuis le concile de Nicée qui condamna la gnose, jusqu'à celui de Constantinople qui anathématisa toute hérésie, la formule avait de tout temps aidé à assurer l'unité d'action. Encore au XXe siècle, le concile provincial de Québec invoquait « la concorde universelle » ; et en 1962, le grand concile Vatican II avait donné la chance aux centaines d'archevêques réunis de répondre aux interrogations du demi-milliard de catholiques sur la contraception : ils n'en parleraient pas. Pourquoi ne

---

44. Cet ancien chef du gouvernement espagnol était devenu le héros mondial de la pluralité d'opinions lors du référendum de 2017 sur l'indépendance de la Catalogne. Ayant paisiblement, avec ses disciples de la non-violence, manifesté à mains nues face aux hordes de terroristes catalans armés jusqu'aux dents, son nom restera à jamais associé au respect du droit de vote, à la liberté des opposants politiques, et au droit des peuples à l'autodétermination.

pas reprendre au XXIᵉ siècle cette recette qui concilie si adéquatement les points de vue ?

À travers la lunette d'approche du fusil d'assaut, le portrait en carton-pâte prenait toute l'image. On y distinguait un jeune homme assis, une cannette à la main et le regard perdu au loin, vivant les dernières secondes de son existence en deux dimensions. La petite croix optique s'immobilisa, et dans une détonation assourdie par le silencieux du fusil, le carton-pâte vola en éclats. Le canon de l'arme se déplaça sur la gauche, braquant comme nouvelle cible deux silhouettes masculines vues de dos qui semblaient se sauver à toutes jambes. Deux détonations, coup sur coup, et les effigies des fuyards explosèrent à leur tour en mille miettes.

La colonelle Joan Colborne laissa filer son rire carnassier et embrassa son arme encore brûlante. Seule dans la salle d'exercice des Gendarmes de sécurité spéciale, celle que tous appelaient avec respect Matricule 303 complétait en pleine harmonie avec elle-même sa séance quotidienne de tir sur cibles humaines.

Depuis vingt ans à la tête de son peloton de têtes brûlées, elle vibrait de toutes les parties de son corps pour son métier ; et au-delà, pour son viscéral engagement personnel au service public. Les autorités pouvaient compter sur elle et ses subordonnés pour régler sans traîner les contestations sociales des *chômeux*, *manifesteux* et autres *gratteux de guitare* que les approches gouvernementales trop moumounes n'arrivaient pas à résorber.

La haute officière responsable des Crack-pot', au langage à peine coloré de l'accent des anglophones de classe moyenne, occupait une situation enviable dans la hiérarchie. Sa fonction comportait néanmoins quelquefois des moments moins drôles, comme en ce jour, où elle devait participer à une rencontre au sommet de responsables politiques. Sans

189

enthousiasme, elle alla changer sa tenue de combat pour des vêtements civils, puis partit dans son véhicule aux vitres blindées.

Le petit noyau de gestionnaires de L'Interlope se réservait vingt ou trente minutes chaque jour pour suivre l'actualité médiatique, toute dominée par les diverses étapes d'application de la Charte de la Prohibition. L'escalade juridique, propulsée par l'éthique politique du siècle autant que par la répression des comportements antisociaux, occupait toute la largeur de l'évolution morale menée tambour battant par les régiments macoutes. Pour les groupuscules refusant encore le Progrès, la persistance de ce temps orageux était d'une violence insoutenable.

Mais depuis les fenêtres du 399 Saint-Laurent, cet horizon se présentait sous le bleu éclatant d'un ciel sans nuages : au sous-sol et au rez-de-chaussée, comme aux deux autres étages, tous les espaces étaient loués. On ne déplorait aucun défaut de paiement de la part des entreprises locataires, et la liste de réserve ne cessait de s'allonger.

Chacun dans son petit commerce, Lù Xiàn et Gregory étaient aux anges grâce aux bénéfices croissants de La Ligne verte et de L'Esthétique du design. On les voyait d'ailleurs souvent ensemble, et même échanger quelques caresses assez appuyées.

S'ils s'étaient trouvés dans le strict cadre privé de leurs résidences, ils auraient compris que certains de leurs voisins leur adressent un commentaire de désapprobation. Quand même, les quartiers résidentiels ne doivent pas permettre n'importe quoi !

Mais entre les heures régulières de leur milieu de travail, n'était-il pas pour eux légitime de laisser agir leurs pulsions ?

LE CONCILE DE MONTRÉAL-NORD

Arrivée un peu à l'avance, Matricule 303 salua les deux ou trois invitées déjà présentes au cœur de ce Vatican du féminisme québécois : le complexe des Nous-Nous Macoutes à Montréal-Nord. Lentement faisaient leur entrée les autres appelées à ce sélect consistoire ; et à l'heure prévue de l'ouverture de cette grand-messe entra dans la salle de conférence la première ministre Martine Charette, accompagnée de son adjointe à la Condition féminine.

Souhaitant en un rapide tour de table la bienvenue aux célébrantes déjà assises, la cheffe du gouvernement ne put cacher son agacement à la vue d'un fauteuil encore vide en face d'elle ; le rite n'exigeait-il pas que toutes soient présentes *avant* son arrivée ? Elle déposa devant elle les écritures à étudier en ce jour, en faisant mine de les réviser pour laisser un peu de temps s'écouler.

La politique est un monde de sournoises rivalités, et toutes savaient la pontife de la Coalition du Progrès très contrariée de tenir cette réunion au sanctuaire macoute plutôt que dans les bureaux officiels du gouvernement au centre-ville. Mais la puissante organisation l'avait forcée à cette diablerie — une fois de plus !

Bien sûr, personne ne remettait en cause son long sacerdoce politique, ni sa maîtrise des grands dogmes. Son habileté tactique était légendaire depuis le Printemps non-binaire, qu'elle avait crucifié par un astucieux décret. Or, ces mythiques qualités ne pouvaient exorciser l'évidence : elle était devenue icône de l'usure du pouvoir.

Charette faisait l'objet de quelques rumeurs désobligeantes. La Coalition chercherait-elle une figure plus charismatique pour mener la prochaine campagne électorale ? Une personnalité auréolée de grands mérites… comme l'éminence qui fit à ce moment son entrée avec un retard calculé de huit minutes, goûtant l'évidence que cet olympe féministe ne saurait décemment exister sans elle.

Estelle Larchevêque s'assit à l'autre bout du grand autel, nullement gênée de l'attente provoquée. Semaine après semaine sous les feux de la rampe à chaque étape du chemin de croix gagnée par sa congrégation, elle savait qu'au jour où elle le voudrait, son aura la ferait marcher sur les eaux jusqu'au poste de Martine. Pour cette réunion à treize, cette dernière défendrait néanmoins sa posture de Notre Seigneuresse entourée des douze apôtres ; tandis qu'en face, l'autre jouerait la Papesse régnant sur un épiscopat de douze cardinales.

Larchevêque montrait une grande fierté. Plus de deux cents ans suivant le concile de Paris (qui confirma la grandeur de Pie VII) et huit siècles après celui du Latran, pouvait enfin, grâce à elle, s'ouvrir ce que l'Histoire reconnaîtrait plus tard comme le socle moral de notre XXIe siècle : le concile de Montréal-Nord.

Considérant l'obésité de son encaisse, Fatoumata eut l'attitude chevaleresque qu'auraient applaudie ses ancêtres : éternelle inclusive, elle contacta Marie-Jocelyne Lecavalier Al Khaïli pour offrir de la refinancer. Écartelée entre sa succursale de Familiprix, sa vie familiale avec sa blonde et leurs petits-enfants (les triplettes avaient chacune, la même année, accouché de triplés) en plus du bénévolat au comité des grand-mères de la chambre de commerce de Mascouche, l'éplorée septuagénaire décrocha depuis son exil de la Rive-Nord.

— Bonjour, est-ce que je pourrais parler à… Frêne vert ? demanda Fatou.

— Oh, là là… Ça fait bien trente ans que personne ne m'a appelée comme ça ! répondit en riant Marie-Jocelyne, alias Marie-Jojo, alias Mary-Jo, alias Frêne vert. Ça ne peut être que la belle Fatou, fille de

Sylvie, petite-fille de Maurice... Qu'est-ce qui se passe de beau dans la métropole des cônes orange ?

— Écoute, Marie-Jojo, on a un projet à te proposer, mes frères et moi. En deux mots, il s'agit de...

— Attends, j'ai un appel sur l'autre ligne. Bouge pas, je reviens.

Sautant sur la deuxième ligne avant d'avoir identifié l'appelant, Marie-Jojo tomba sur son A.D.M. (ancien deuxième mari). Cette fois, la toujours-copropriétaire-du-triplex-rue-Laurier ne put éviter l'avalanche de reproches :

ماري جوسلين !
هل تريدين أن تفهمي أنني تعبت من إجراء إصلاحات السباكة في ممتلكاتنا لوحدي ؟ [45]

Après cinq minutes de diatribes en arabe tunisien sur les valves et les robinets, les chauffe-eau défectueux et autres toilettes à remplacer, elle dut jurer *sur la tête de ses petits-enfants* de se joindre à son A.D.M. le samedi suivant pour un grand festival de la plomberie. Et put enfin reprendre le cours de sa conversation avec Fatoumata.

Malgré leur rivalité, Charette et Larchevêque se tinrent bien de blasphémer la grande liturgie en cours. La grande table ellipsoïdale meublant ce temple ne pouvait mieux mériter sa définition géométrique : une figure à deux foyers, où chacune avançait sa propre exégèse. Ayant d'abord rappelé qu'à micro fermé, on pouvait s'écarter de la grammaire inclusive, la première mandataire tenta de rallier à elle les différentes chapelles en encensant indirectement ses alliées potentielles :

---

45. « Marie-Jocelyne ! Peux-tu comprendre que je sois fatigué de faire *seul* toutes les réparations de plomberie sur *notre* propriété ? »

— La Charte de la prohibition de la séduction en milieu de travail est vénérée par la population… et encore plus après l'onction reçue dans certains médias émérites.

Des regards admiratifs béatifiaient André·e Léveillé·e, la grammairienne en écriture inclusive à l'autorité maintenant consacrée. Même Hélène Nikisalata interrompit poliment la dédicace, demandée par sa voisine de table, d'une copie de son hiératique éditorial dans *Le Savoir* du 14 février 2029. L'homélie gouvernementale se poursuivit :

— L'application de la Charte a bien débuté, avec le succès des ateliers de sensibilisation en entreprises, qui ont vu des centaines d'anciens séducteurs abjurer leurs croyances, puis celui des incitatifs fiscaux et du programme de subventions…

La secrétaire générale de l'Intersyndicale n'était pas peu fière de l'assomption formulée, pendant que la présidente de la chambre de commerce communiait d'une typique fausse modestie. Mais le prêche gouvernemental allait plus loin :

— Les campagnes des agents anti-rumeurs nous ont élevées encore plus haut !

Marie-Ève Lapensée sourit humblement à sa vis-à-vis, la mairesse Raohonntsáke, qui avec grande dévotion avait financé l'a-Police à même les budgets municipaux.

— Les résultats en élévation au Test des valeurs prouvent que, globalement, la stratégie fonctionne. Je dois féliciter ma sous-ministre de la Condition féminine pour son brillant encadrement de l'E.T.S. Et aussi de la croisade des quatre mille Auxiliaires d'intervention, qui se sont sacrifiés pour aller guerroyer contre les Infidèles.

Profitant que Charrette prenait une gorgée d'eau, Estelle saisit la parole, sans gêne aucune :

— Toutes ces approches nous cloîtraient dans les limbes des 50 % d'approbation. Pour sublimer ce seuil, il a fallu l'apparition de la Brigade pitoune, dont l'action a fait des miracles…

Ainsi sanctifiée, la lieutenante Maria-Virgem redressa sa silhouette, rendant les autres un peu jalouses des paysages naturels de l'Amérique du Sud ainsi mis en évidence.

— ... au point où nous n'avons pas encore eu à employer la manière forte, poursuivait Larchevêque. Le cas échéant, nous avions une alternative.

Impassible, Matricule 303 regarda sa montre un long instant, espérant que tous ces sermons prennent bientôt fin.

Irritée que la dirigeante macoute soit ainsi montée en chaire, Martine Charette sauta sur ce silence pour reprendre son apologie :

— En attendant le lancement du programme de formation continue aux valeurs de la Charte de la Prohibition, que j'ai promis lors du débat des cheffes, nous avons bien sûr construit le Tribunal spécial ici, à l'Inquisition...

Elle reprenait le qualificatif affectueux donné à la nouvelle place de Madrid, avec en son centre la pieuse statue de Torquemada récemment inaugurée par l'ambassadeur espagnol et la titulaire de la Justice, justement assise à sa droite, que sa patronne pria de la main d'enchaîner.

— Les pénitenciers sont pleins, signe que le Progrès avance, lança la ministre, recevant à son tour un chapelet d'éloges non-verbaux des autres dignitaires. Or, cela pose maintenant un nouveau défi pour la Foi.

Un ange passa.

Les membres de ce haut cénacle comprirent à cet instant qu'on arrivait au cœur de la litanie : comment arriver pour de bon à vaincre les Ténèbres ?

Éblouie par la suggestion de rouvrir bientôt le StoreDrogue en version hétéro-entrepreneuriale, Marie-Jojo confia à sa conjointe la tablette de surveillance à distance reliée à la poussette à neuf sièges que

195

les grand-parentes avaient offerte à leurs filles, et partit en expédition depuis Mascouche vers Montréal. Ponts fermés, autoroutes déviées, voies entravées, le trajet aux panneaux orange avait relevé sa catégorie de difficultés au niveau CEP (pour Conducteurs Extrêmement Patients).

Finalement parvenue à destination, en moins d'une demi-heure elle trouva du stationnement pour son VUS. Puis elle marcha un long moment sur la Catherine, se remémorant avec émotion ses années de jeunesse : l'épopée de la Troisième Coupole, le personnage clownesque de Maurice, le cirque aux neuf chapiteaux du Cartel de l'Île-Icitte dont elle-même, Frêne vert, avait été l'une des vedettes. Quels souvenirs !

— Ce n'est un secret pour personne, la prison est l'université du crime : on y entre comme décrocheur, on en sort avec un doctorat…

Effet secondaire de la bénéfique éradication des anges déchus, la surpopulation de détenus présentait bel et bien un risque : l'enfer de la contagion intra-carcérale, qui exposait aux séducteurs impénitents tous les autres types de condamnés, responsables de péchés moins graves. Une bombe épidémique à retardement ?

Les résultats des programmes de rémission des coupables restaient mitigés. Sous la nef de la cathédrale macoute, le vrai débat théologique était lancé : comment conjurer la persistance maléfique d'un noyau dur de détenus à la rédemption impossible ?

Quelle incantation formuler, se demandaient Léveillé·e et Nikisalata. De quel oracle manquons-nous, psalmodiaient en chœur la mairesse et la présidente de la chambre de commerce. Même la chapelaine éponyme de l'a-Police de Lapensée avouait n'y voir de solution divine.

En une rare intervention, Matricule 303 suggéra sa méthode culte, tout de suite rejetée par les autres, trop soucieuses de leur réputation outre-mer. Une longue expérience à l'Intersyndicale laissait sa secrétaire générale louanger la négociation, et Maria-Virgem penchait vers l'approche humaine qu'incarnait la Brigade pitoune, mais les autres membres de ce haut clergé doutaient de ces vertus à cette étape.

Après quatre-vingt-dix minutes de martyre, la Macoute-en-cheffe formula un précepte qui en laissa quelques-unes incrédules. Comme elle avait autour de cette sainte table ses disciples les plus mystiques, une heure plus tard, devant une immense carte du Québec appelée en appui, le catéchisme macoute s'imposa malgré l'intersession réticente de la cheffe du gouvernement. Le ciel s'éclaircissait enfin.

Retrouvant la nouvelle équipe « des jeunes » dans les locaux qu'elle avait connus jadis comme ceux de l'édifice-à-Maurice, Marie-Jojo assista à une longue séance de travail au bout de laquelle elle s'associa à Lysandre et son beau-frère pour ouvrir un deuxième établissement. L'ancienne lezbo-séparatiste à la chevelure rose coupée en brosse, devenue sage grand-mère aux cheveux blancs, joignit sa conjointe pour lui faire part de cette nouvelle folie qui les rajeunirait toutes les deux de quarante ans.

Réhabilité en vitesse, le StoreDrogue absorba la clientèle débordant du trop-plein de L'Interlope. Car de plus en plus d'entreprises désiraient intégrer ce modèle d'affaires souterrain, qui interdisait cependant farouchement le *coming-out* de son programme CH:UT! (Crouze Hétéro : Ultracool au Travail!).

Le concile avait baptisé *camps de rééducation* son nouveau credo, à établir dans le Grand Nord pour les hérétiques. Avec de belles surfaces clôturées, ils offriraient chaque jour un environnement sans pollution, propre à la contrition. Et chaque nuit, en apparition venue des cieux, la splendeur des aurores boréales ! L'air vivifiant de la toundra aiderait au salut des dissidents du Progrès, prophétisait la Macoute-en-cheffe.

Opérant loin des populations pénitentiaires et civiles (le premier campement inuit, près d'Umijuaq, étant situé à deux mois et demi de marche), on pourrait bientôt confirmer dans ces monastères l'ultime solution finale pour les âmes impies : les thérapies de conversion[46], en version adaptée aux cas spécifiques de cette satanique hétérophilie ostentatoire qui ensorcelait les détenus non encore convertis.

Par une céleste transsubstantiation de l'âme, ces cortèges de damnés pourraient enfin expier leurs sacrilèges, et élever leur foi au plus haut du Test des valeurs prôné par la Charte de la Prohibition.

---

46. Anciennement pratiquées en de nombreux pays pour guérir les patients souffrant d'homosexualité, ces approches de médecine douce (médication répétée, injections d'hormones, chocs électriques, lobotomie) ont constitué pendant cent ans l'une des principales voies d'émancipation de ces hétérosexuels en rémission. Leur guérison témoigne d'une reconnaissance éternelle d'avoir ainsi trouvé pour toujours la paix intérieure.

LES ÉTÉS ROSÉS

Trois mois après cette réouverture par Marie-Jojo, et convaincue que le succès de L'Interlope et du StoreDrogue était tout sauf une bulle immobilière passagère, la rigolote équipe de location dressait la liste des autres lieux de frivolité d'autrefois. Le 8116 et le SkyLux, puis Le Copenhague et L'Exitoire, un à un, les jardins fanés refleurissaient à l'engrais de cette nouvelle sous-culture, la plus marginale depuis cent ans.

La demi-douzaine de constructions sans enseigne précise hébergeaient maintenant deux cents petites entreprises employant au total environ un millier d'employés des deux sexes et, plus encore qu'en société, des gens d'âge, d'origine ethnique et de métiers variés. Soucieuses de ne pas faire de discrimination, ces arènes secrètes de la drague au boulot avaient engagé comme réceptionnistes ou agents de sécurité quelques rares gais ou lesbiennes, évidemment à la réputation *hetero-friendly* soigneusement vérifiée.

Dans le secret le plus absolu, les délégués de ces bâtiments reconquis dans le Village se retrouvaient le premier mardi de chaque mois, en une version améliorée du Cartel de l'Île-icitte. Vétérane de l'ancienne formule sous Maurice, Marie-Jojo inspirait les autres par son bagage d'expérience. Elle actualisa une forme modérée de protectionnisme chère à l'histoire économique du Québec moderne : le système dit de la gestion de l'offre. Chaque édifice ressuscité se vit attribué un « quota de clientèle » d'espaces locatifs que seule une éventuelle croissance de la demande globale pouvait faire varier à la hausse.

Justement, cette demande se manifestait lentement mais sûrement, et permit quelques mois plus tard la réouverture de l'Underground, ensuite de la Taverne et finalement de L'Éponge (qui n'avait en fait jamais été vraiment jetée). Dans les réunions du Cartel se dessina un consensus entrepreneurial évident : à ce stade, une pause de leur expansion devenait nécessaire pour éviter toute crise de croissance. Les neuf modulaient ainsi mensuellement leur gestion de l'offre selon les fluctuations du marché.

L'ancien Village gai, deux fois moribond pour cause de normalisation des mœurs, complétait sa métamorphose en quartier-refuge pour la main d'œuvre hétéro. Le bouche-à-oreille suffisait à cette nouvelle marginalité qui reprenait solidement racine, ragaillardie par sa nouvelle clandestinité. Feignant de n'en rien savoir (même si la Fraternité des retraités du SVPM y était logée), des policiers amis les enjoignaient de garder un profil bas.

À l'étranger, à peine quelques murmures émanaient des sphères branchées de Kinshasa, Samarcande ou Tarawa sur l'inimaginable tolérance sexuelle du ghetto montréalais, cette totale déloyauté envers la Charte de la Prohibition du Québec (et des résolutions des Nations unies) par des groupuscules informels mais bien organisés. Tout à coup, la recette interlopiste serait-elle reprise au-delà des mers ?

Avec l'avènement de Fatoumata et de la Cinquième Coupole, toute une nouvelle vie prenait racine dans le Village, irriguée par cette nouvelle clientèle hétéro nichée dans les établissements du Cartel, et aux mœurs professionnelles si alternatives. Autour de ces neuf « clubs-rencontres diurnes » surgissait une foule de petits restaurants, librairies et magasins divers, chacun tentant de capter le pouvoir d'achat de cette communauté hétéro en ré-émergence.

Ainsi, s'était enracinée l'habitude d'aller manger entre collègues le jeudi midi au restaurant Neuf à Cinq sur la rue Plessis, qui offrait (aux initiés seulement) son menu « Incitatifs professionnels », une combinaison de recettes libido-stimulantes. Une banale façade au coin de la rue Logan abritait la boutique de mode Mars sur Vénus avec discrètement, en arrière-boutique, sa collection « jour de paie », un torride catalogue de vêtements conçus essentiellement pour leur attirance en position de travail à l'ordi. Et par une subtile promotion, un ancien sauna gai avait rebondi sur une idée formidable : le Nouveau Sauna, offrant en fin de journée un tarif réduit aux visiteurs « en duo M + F ».

Au 5 à 7 du Bistrot Rose-et-Bleu, rue Alexandre-de-Sèves, près du parc, les tables étaient pleines de travailleurs venus conclure un *fleuretage* débuté au boulot. Et la librairie Lotus Phallus de la rue Champlain se fit habilement connaître en vendant le beau livre illustré *K.E.C.* (lire : « le Kamasutra entre collègues »). Son plus gros succès de vente fut cependant un roman érotique décrivant les truculentes péripéties de livreurs et de secrétaires en emploi d'été au département d'importation des vins rosés de la SAQ. Le livre fit fureur sous son titre à double sens : *Les étés rosés*.

Le clou de cette revitalisation commerciale « hétérosée » fut sans doute la relance inespérée de la boutique érotique Le Prix à payer. Frôlant la fermeture en 2029 dans la tristesse d'un chiffre d'affaires en chute libre pour son cinquante-cinquième anniversaire, elle sabra le champagne l'année suivante grâce à sa nouvelle collection d'accessoires UGUF (entre les lignes : « un gars une fille »).

Le 14 février 2031 était doublement encerclé depuis longtemps sur le calendrier Foulanault. D'abord parce que ce soir-là, au retour à la maison du fils aîné, la petite famille recomposée allait fêter en famille les dix-neuf ans du jeune homme, justement né un soir de Saint-Valentin. Un souper familial moderne, à huit convives : les quatre enfants… et leurs quatre parents.

Mais aussi plus tôt dans la journée, toute la famille s'attablerait le midi dans l'Agora des huit couleurs pour partager un immense buffet chinois préparé par Lǜ Xiàn et l'équipe de La Ligne verte, auquel toutes les entreprises du 399 avaient convié leur personnel. Car exactement cent trente-huit ans après sa fondation par le trisaïeul de Fatoumata, ces militants du néovalentinage fêteraient dans l'ombre le premier anniversaire de cette improbable folie : la renaissance de L'Interlope.

ÉPILOGUE

Fatoumata passait maintenant beaucoup de temps avec ses jeunes, initiant par exemple son aîné aux bases de la comptabilité. Un samedi où, tous deux assis dans les bureaux administratifs du bâtiment patrimonial, il donnait un coup de main pour réviser les soldes (toujours assez élevés) des entrées comptables du mois précédent, Valentin Foulanault répétait en souriant les directives maternelles (et un brin contrôlantes) sur la comptabilité i-nat-ta-qua-ble de sa lignée dans laquelle lui-même représentait la sixième génération.

Pendant que sa mère révisait les plans du sous-sol, où l'agence de production de spectacles désirait un nouvel aménagement pour ses chargés de projets, Valentin décida de prendre une salutaire pause d'écran. Il mit la main sur son ouvrage préféré, un livre ancien trouvé dans la bibliothèque familiale.

En tombaient encore à l'occasion des miettes de papier venant de la taille au coupe-papier des pages jadis liées au sortir de l'imprimerie. Une fine écume à l'odeur enivrante laissée par le sillage du premier lecteur, cet enfant de onze ans qui naguère avait inscrit à la plume d'oie, au-dessus de la page des matières, les six lettres de son prénom : *Octave*.

Ce livre culte, *La Vigie*, relatait les péripéties de l'équipage d'un petit navire du commerce interlope, ce nécessaire contournement des monopoles maritimes par les fournisseurs de biens essentiels dont manquaient les communautés isolées. Rencontres de pirates cruels ou d'indigènes indigents, d'ouragans déchaînés ou de monstres marins, chaque aventure des valeureux matelots semblait se diriger vers l'engloutissement final dans l'une des Sept Mers du globe. Et au dernier moment de chaque épisode, à l'heure où tout semblait perdu, un nouveau moussaillon bravait les tornades enragées et montait jusqu'au haut du grand mât. Depuis le poste d'observation que les gens de marine appellent la vigie, il lançait de sa voix juvénile le cri que ses équipiers n'espéraient plus : « Terre à bâbord ! »

Dans sa demi-rêverie, Valentin porta par hasard son regard sur l'échelle meunière menant au pinacle de l'immeuble, auquel il n'avait jamais eu accès. Posée par son arrière-arrière-arrière-grand-papa, elle menait du bureau administratif au fameux dôme acoustique en cerisier d'automne, surveillé nuit et jour par la garde d'élite de cette généalogie d'entrepreneurs : les portraits impassibles des Foulanault des Coupoles antérieures.

— C'est drôle comme les marches de l'échelle ont l'air si peu usées, commenta le jeune Foulanault.

— Simplement parce qu'elles ont très, très peu servi depuis la construction en 1893, répondit évasivement Fatoumata. Si je compte bien, seulement quatre ou cinq fois.

— Et je peux monter, juste pour voir comment c'est fait ?

— Non, pas vraiment, ce n'est pas un endroit pour toi. Mais un jour peut-être, peut-être que…

Aussi interloquée que son fils, Fatoumata suspendit un moment la fin de sa réponse, faisant cliqueter quelques bracelets. Et sur un ton légèrement prophétique, elle dit finalement en souriant à son grand gars :

— En fait, oui, certainement. Je ne sais pas quand, mais un jour, ton tour viendra de monter à la Coupole.

REMERCIEMENTS

À mon amie Martine Desjardins, qui dès le premier brouillon a accepté de me mentorer

À Jacques Prince et toute l'équipe des Archives gaies du Québec, cette incomparable mine d'or historiographique et documentaire

À Mariela, mon épouse depuis un quart de siècle, pour son soutien constant depuis le chapitre zéro

TABLE DES MATIÈRES

Avant-propos 5
Le palais branlant 7
La Ligne verte 13
Octave et la 1ère Coupole **25**
    Le garçon valentin 27
    L'Agora des huit couleurs 37
    Une comptabilité i-nat-ta-qua-ble 45
Éloïse et la 2e Coupole **55**
    Le vote des femmes 57
    La Terre sainte 67
    Les danses afro-caucasiennes 73
Maurice et la 3e Coupole **83**
    Moitié pour Mars, moitié pour Vénus 85
    Le Cartel de l'Île-Icitte 95
    La Brigade guidoune 109
Sylvie et la 4e Coupole **115**
    La double tâche 117
    C'est quoi ton genre ? 123
    Le Printemps non-binaire 129
Fatoumata et la 5e Coupole **139**
    Le rouleau de plans 141
    Les Nous-Nous Macoutes 149
    Les agents anti-rumeurs 157
    Et hop au poste ! 165
    Le débat des cheffes 175
    Le plan de match 183
    Le concile de Montréal-Nord 191
    Les étés rosés 199
Épilogue 203
Remerciements 205

Achevé d'imprimer
en octobre deux mille vingt-deux, sur les presses
de l'imprimerie Gauvin, Gatineau, Québec